René Guénon

La Gran Triada

René Guénon
(1886-1951)

La Gran Triada
1946

Título original: "*La Grande Triade*"
Primera publicación en 1946 - Paris, Gallimard

Publicado por
Omnia Veritas Ltd

www.omnia-veritas.com

PREFACIO	1
CAPÍTULO I	11
Ternario y trinidad	11
CAPÍTULO II	18
Differentes géneros de ternarios	18
CAPÍTULO III	28
Cielo y Tierra	28
CAPÍTULO IV	36
"Yin" y "Yang"	36
CAPÍTULO V	44
La doble espiral	44
CAPÍTULO VI	54
"Solve" y "coagula"	54
CAPÍTULO VII	66
Cuestiones de orientación	66
CAPÍTULO VIII	76
Números celestes y números terrestres	76
CAPÍTULO IX	85
El Hijo del Cielo y de la Tierra	85
CAPÍTULO X	92
El Hombre y los tres mundos	92
CAPÍTULO XI	98
"Spiritus", "Anima", "Corpus"	98
CAPÍTULO XII	107
El Azufre, el Mercurio y la Sal	107
CAPÍTULO XIII	115
El ser y el medio	115

CAPÍTULO XIV 127
EL MEDIADOR 127

CAPÍTULO XV 137
ENTRE LA ESCUADRA Y EL COMPÁS 137

CAPÍTULO XVI 145
EL "MING-TANG" 145

CAPÍTULO XVII 155
EL "WANG" O EL REY PONTÍFICE 155

CAPÍTULO XVIII 165
EL HOMBRE VERDADERO Y EL HOMBRE TRANSCENDENTE 165

CAPÍTULO XIX 173
"DEUXS", "HOMO", "NATURA" 173

CAPÍTULO XX 181
DEFORMACIONES FILOSÓFICAS MODERNAS 181

CAPÍTULO XXI 186
PROVIDENCIA, VOLUNTAD, DESTINO 186

CAPÍTULO XXII 194
EL TRIPLE TIEMPO 194

CAPÍTULO XXIII 203
LA RUEDA CÓSMICA 203

CAPÍTULO XXIV 211
EL "TRIRATNA" 211

CAPÍTULO XXV 218
LA CIUDAD DE LOS SAUCES 218

CAPÍTULO XXVI 227
LA VÍA DEL MEDIO 227

Prefacio

Muchos comprenderán sin duda, solo por el título de este estudio, que se refiere sobre todo al simbolismo de la tradición extremo oriental, ya que se sabe bastante generalmente el papel que desempeña en ésta el ternario formado por los términos "Cielo, Tierra, Hombre" (*Tien-ti-jen*); este ternario, al que se ha tomado el hábito de designar más particularmente por el nombre de "Tríada", incluso si no se comprende siempre exactamente su sentido y su alcance, es lo que trataremos precisamente de explicar aquí, señalando también, por lo demás, las correspondencias que se encuentran a este respecto en otras formas tradicionales; ya le hemos consagrado un capítulo en otro estudio[1], pero el tema merece ser tratado con más desarrollos. Se sabe igualmente que existe en China una "sociedad secreta", o lo que se ha convenido llamar así, a la que se ha dado en Occidente el mismo nombre de "Tríada"; como no tenemos la intención de tratar de ella especialmente, será bueno decir a continuación algunas palabras sobre este tema a fin de no tener que volver sobre él en el curso de nuestra exposición[2].

---

[1] *El Simbolismo de la Cruz*, cap. XXVIII.
[2] Se encontrarán detalles sobre la organización de que se trata, su ritual y sus símbolos (concretamente los símbolos numéricos de los que hace uso), en la obra de B. Favre sobre *Les Sociétés secrètes en Chine*; esta obra está escrita desde un punto de vista profano, pero el autor ha entrevisto al menos algunas cosas que

El verdadero nombre de esta organización es *Tien-ti-houei*, que se puede traducir por "Sociedad del Cielo y de la Tierra", a condición de hacer todas las reservas necesarias sobre el empleo de la palabra "sociedad", por las razones que ya hemos explicado en otra parte[3], ya que aquello de lo que se trata, aunque es de un orden relativamente exterior, no obstante está muy lejos de presentar todos los caracteres especiales que esta palabra evoca inevitablemente en el mundo occidental moderno. Se observará que, en este título, solo figuran los dos primeros términos de la Tríada tradicional; si ello es así, es porque, en realidad, la organización misma (*houei*), por sus miembros tomados tanto colectiva como individualmente, ocupa aquí el lugar del tercero, como lo harán comprender mejor algunas de las consideraciones que tendremos que desarrollar[4]. Se dice frecuentemente que esa misma organización es conocida también bajo un gran número de otras denominaciones diversas, entre la cuales hay una donde la idea del ternario se menciona expresamente[5]; pero, a decir verdad, hay en ello una

---

escapan ordinariamente a los sinólogos, y, aunque está lejos de haber resuelto todas las cuestiones suscitadas a este propósito, tiene no obstante el mérito de haberlas planteado bastante claramente. — Ver también por otra parte Matgioi, *La Voie rationnelle*, cap. VII.

[3] *Aperçus sur l'Initiation*, cap. XII.

[4] Es menester notar que *jen* significa a la vez "hombre" y "humanidad"; y además, desde el punto de vista de las aplicaciones al orden social, es la "solidaridad" de la raza, cuya realización práctica es uno de las metas contingentes que se propone la organización en cuestión.

[5] Concretamente los "Tres Ríos" (*San-ho*) y los "Tres Puntos" (*San-tien*); el uso de este último vocablo es evidentemente uno de los motivos por los cuales algunos

inexactitud: estas denominaciones no se aplican propiamente más que a ramas particulares o a "emanaciones" temporarias de esa organización, que aparecen en tal o cual momento de la historia y desaparecen cuando han terminado de desempeñar el papel al que estaban más especialmente destinadas[6].

Ya hemos indicado en otra parte cuál es la verdadera naturaleza de todas las organizaciones de este género[7]: en definitiva, deben considerarse siempre como procediendo de la jerarquía taoísta, que las ha suscitado y que las dirige invisiblemente, para las necesidades de una acción más o menos exterior en la que no podría intervenir ella misma directamente, en virtud del principio del "no actuar" (*wou-wei*), según el cual su papel es esencialmente la del "motor inmóvil", es decir, el del centro que rige el movimiento de todas las cosas sin participar en él. Eso, la mayoría de los sinólogos lo ignoran naturalmente, ya que sus estudios, dado el punto de vista especial desde el que los emprenden, no pueden enseñarles apenas que, en Extremo Oriente, todo lo que es de orden esotérico o iniciático, a cualquier grado que

---

han sido llevados a buscar relaciones entre la "Tríada" y la organizaciones iniciáticas occidentales tales como la Masonería y el Compañcrazgo.

[6] Esta distinción esencial nunca deberá ser perdida de vista por aquellos que quieran consultar el libro de B. Favre que hemos citado, libro en el que desgraciadamente se ignora, de manera que el autor parece considerar todas estas denominaciones como equivalentes pura y simplemente; de hecho, la mayoría de los detalles que da al respecto de la "Tríada" no conciernen realmente más que a una de sus emanaciones, la *Hong-houei*; en particular, es solo ésta, y no la *Tien-ti-houei* misma, la que puede no haber sido fundada más que a finales del siglo XVII o comienzos del XVIII, es decir, en una fecha sumamente reciente.

[7] Ver *Aperçus sur l'Initiation*, cap. XII y XLVI.

sea, depende necesariamente del Taoísmo; pero lo que es bastante curioso a pesar de todo, es que aquellos mismos que han discernido en las "sociedades secretas" una cierta influencia taoísta no han sabido ir más lejos y no han sacado de ello ninguna consecuencia importante. Éstos, al constatar al mismo tiempo la presencia de otros elementos, y concretamente de elementos búdicos, se han apresurado a pronunciar a este propósito la palabra "sincretismo", sin saber que lo que designa es algo completamente contrario, por una parte, al espíritu eminentemente "sintético" de la raza china, y también, por otra, al espíritu iniciático de donde procede evidentemente aquello de lo que se trata, incluso si, bajo esta relación, no son más que formas bastante alejadas del centro[8]. Ciertamente, no queremos decir que todos los miembros de estas organizaciones relativamente exteriores deban tener consciencia de la unidad fundamental de todas las tradiciones; pero esa consciencia, aquellos que están detrás de esas mismas organizaciones y que las inspiran, la poseen forzosamente en su calidad de "hombres verdaderos" (*tchenn-jen*), y es eso lo que les permite introducir en ellas, cuando las circunstancias lo hacen oportuno o ventajoso, elementos formales que pertenecen en propiedad a diferentes tradiciones[9].

---

[8] Ver *Aperçus sur l'Initiation*, cap. VI.

[9] Comprendidos incluso a veces los que son más completamente ajenos al Extremo Oriente, como el Cristianismo, así como se puede ver en el caso de la asociación de la "Gran Paz" o *Tai-ping*, que fue una de las emanaciones recientes de la *Pen-lien-houei* que vamos a mencionar enseguida.

A este respecto, debemos insistir un poco sobre la utilización de los elementos de proveniencia búdica, no tanto porque son sin duda los más numerosos, lo que se explica fácilmente por el hecho de la gran extensión del Budismo en China y en todo el Extremo Oriente, como porque hay en esta utilización una razón de orden más profundo que la hace particularmente interesante, y sin la cual, a decir verdad, esta extensión misma del Budismo quizás no se habría producido. Se podrían encontrar sin esfuerzo múltiples ejemplos de esta utilización, pero, al lado de aquellos que no presenten por sí mismos más que una importancia en cierto modo secundaria, y que valen precisamente sobre todo por su gran número, para atraer y retener la atención del observador del exterior, y para desviarla por eso mismo de lo que tiene un carácter más esencial[10], hay al menos uno, extremadamente claro, que incide sobre algo más que simples detalles: es el empleo del símbolo del "Loto blanco" en el título mismo de la otra organización extremo oriental que se sitúa al mismo nivel que la *Tien-ti-houei* [11]. En efecto, *Pe-lien-che* o *Pe-lien-tsong*, nombre de una escuela búdica, y *Pe-lien-kiao* o *Pe-lien-houei*, nombre de la organización de que se trata, designan dos cosas enteramente diferentes; pero, en la adopción de este nombre por esta organización emanada del Taoísmo, hay una especie

---

[10] La idea del pretendido "sincretismo" de las "sociedades secretas" chinas es un caso particular del resultado obtenido por este medio, cuando el observador del exterior se encuentra que es un Occidental moderno.

[11] Decimos la "otra" porque no hay efectivamente más que dos, y todas las asociaciones conocidas exteriormente no son en realidad más que ramas o emanaciones de la una o de la otra.

de equívoco expreso, así como en algunos ritos de apariencia búdica, o también en las "leyendas" donde los monjes budistas desempeñan casi constantemente un papel más o menos importante. Se ve bastante claramente, por un ejemplo como éste, cómo el Budismo puede servir de "cobertura" al Taoísmo, y cómo ha podido, con ello, evitar a éste el inconveniente de exteriorizarse más de lo que hubiera convenido a una doctrina que, por definición misma, debe estar reservada siempre a una elite restringida. Es por eso por lo que el Taoísmo ha podido favorecer la difusión del Budismo en China, sin que haya lugar a invocar afinidades originales que no existen más que en la imaginación de algunos orientalistas; y, por lo demás, ha podido hacerlo tanto mejor cuanto que, desde que las dos partes esotérica y exotérica de la tradición extremo oriental habían sido constituidas en dos ramas de doctrina tan profundamente distintas como lo son el Taoísmo y el Confucionismo, era fácil encontrar lugar, entre la una y la otra, para algo que depende de un orden en cierto modo intermediario. Hay lugar a agregar que, debido a este hecho, el Budismo chino ha sido él mismo influenciado en una medida bastante amplia por el Taoísmo, así como lo muestra la adopción de ciertos métodos de inspiración manifiestamente taoísta por algunas de sus escuelas, concretamente la de *Tchan*[12], y también la asimilación de algunos símbolos de proveniencia no menos esencialmente taoísta, como el de *Kouan-yin* por ejemplo; y

---

[12] Transcripción china de la palabra sánscrita *Dhyâna*, "contemplación"; esta escuela se conoce más ordinariamente bajo la designación de *Zen*, que es la forma japonesa de la misma palabra.

apenas hay necesidad de hacer observar que el Budismo devenía así mucho más apto todavía para desempeñar el papel que acabamos de indicar.

Hay también otros elementos, cuya presencia, los partidarios más decididos de la teoría de las "apropiaciones", no podrían apenas plantearse explicarla por el "sincretismo", pero que, a falta de conocimientos iniciáticos en aquellos que han querido estudiar las "sociedades secretas" chinas, han permanecido para ellos como un enigma insoluble: queremos hablar de aquellos elementos por los que se establecen similitudes a veces sorprendentes entre estas organizaciones y las organizaciones del mismo orden que pertenecen a otras formas tradicionales. A este respecto, algunos han llegado a considerar, en particular, la hipótesis de un origen común de la "Tríada" y de la Masonería, sin poder apoyarlo, por lo demás, con razones muy sólidas, lo que ciertamente no tiene nada de extraño; no obstante, no es que esta idea haya que rechazarla absolutamente, pero a condición de entenderla en un sentido muy diferente de como lo han hecho, es decir, de referirla, no a un origen histórico más o menos lejano, sino solo a la identidad de los principios que presiden en toda iniciación, ya sea de Oriente o de Occidente; para tener su verdadera explicación, sería menester remontar mucho más allá de la historia, queremos decir hasta la Tradición primordial misma[13]. En lo que concierne a algunas similitudes

---

[13] Es cierto que la iniciación como tal no ha devenido necesaria sino a partir de un cierto período del ciclo de la humanidad terrestre, y a consecuencia de la degeneración espiritual de la generalidad de ésta; pero todo lo que conlleva constituía anteriormente la parte superior de la Tradición primordial, del mismo

que parecen indicar sobre puntos más especiales, solo diremos que cosas tales como el uso del simbolismo de los números, por ejemplo, o también el del simbolismo "constructivo", no son de ningún modo particulares a tal o cual forma iniciática, sino que son al contrario de las que se encuentran por todas partes con simples diferencias de adaptación, porque se refieren a ciencias o a artes que existen igualmente, y con el mismo carácter "sagrado", en todas las tradiciones; así pues, pertenecen realmente al dominio de la iniciación en general, y por consiguiente, en lo que concierne al extremo oriente, pertenecen en propiedad al Taoísmo; si los elementos adventicios, búdicos u otros, son más bien una "máscara", éstos, al contrario, forman verdaderamente parte de lo esencial.

Cuando hablamos aquí del Taoísmo, y cuando decimos que tales o cuales cosas dependen de éste, lo que es el caso de la mayoría de las consideraciones que tendremos que exponer en este estudio, nos es menester precisar todavía que esto debe entenderse en relación al estado actual de la tradición extremo oriental, ya que algunos espíritus, demasiado inclinados a considerarlo todo "históricamente", podrían estar tentados de concluir de ello que se trata de concepciones que no se encuentran anteriormente a la formación de lo que se llama propiamente el Taoísmo, mientras que, muy lejos de eso, se encuentran constantemente en todo lo que se conoce de la

---

modo que, analógicamente y en relación a un ciclo mucho más restringido en el tiempo y en el espacio, todo lo que está implicado en el Taoísmo constituía primeramente la parte de la tradición única que existía en Extremo Oriente antes de la separación de sus dos aspectos esotérico y exotérico.

tradición china desde la época más remota a la que sea posible remontarse, es decir, en suma desde la época de Fo-hi. En realidad, el Taoísmo no ha "innovado" nada en el dominio esotérico e iniciático, como tampoco, por lo demás, el Confucionismo en el dominio exotérico y social; el uno y el otro, cada uno en su orden, son solo "readaptaciones" necesitadas por condiciones que hacían que la tradición, en su forma primera, ya no fuera comprendida integralmente[14]. Desde entonces, una parte de la tradición anterior entraba en el Taoísmo y la otra entraba en el Confucionismo, y este estado de cosas es el que ha subsistido hasta nuestros días; referir tales concepciones al Taoísmo y tales otras al Confucionismo, no es de ningún modo atribuirlas a algo más o menos comparable a lo que los Occidentales llamarían "sistemas", y, en el fondo, no es otra cosa que decir que pertenecen respectivamente a la parte esotérica y a la parte exotérica de la tradición extremo oriental.

No volveremos a hablar especialmente sobre la *Tien-ti-houei*, salvo cuando haya lugar a precisar algunos puntos particulares, ya que no es eso lo que nos proponemos; pero lo que diremos en el curso de nuestro estudio, además de su alcance mucho más general, mostrará implícitamente sobre qué principios reposa esta organización, en virtud de su título mismo, y permitirá comprender por eso cómo, a pesar de su exterioridad, tiene un carácter realmente iniciático, que asegura a sus miembros una participación al menos virtual en

---

[14] Se sabe que la constitución de estas dos ramas distintas de la tradición extremo oriental data del siglo VI antes de la era cristiana, época en la cual vivieron Lao-tsé y Confucio.

la tradición taoísta. En efecto, el papel que se asigna al hombre como tercer término de la Tríada es propiamente, en un cierto nivel, el del "hombre verdadero" (*tchenn-jen*), y, en otro, el del "hombre transcendente" (*cheun-jen*), indicando así los fines respectivos de los "misterios menores" y de los "misterios mayores", es decir, los fines mismos de toda iniciación. Sin duda, esta organización, por sí misma, no es de las que permiten llegar efectivamente a ellos; pero puede al menos prepararlos, por lejanamente que esto sea, para aquellos que están "cualificados", y constituye así uno de los "atrios" que pueden, para esos, dar acceso a la jerarquía taoísta, cuyos grados no son otros que los de la realización iniciática misma.

Capítulo I

TERNARIO Y TRINIDAD

Antes de abordar el estudio de la Tríada extremo oriental, conviene ponerse cuidadosamente en guardia contra las confusiones y las falsas asimilaciones que tienen generalmente curso en Occidente, y que provienen sobre todo de que en todo ternario tradicional, cualesquiera que sea, se quiere encontrar un equivalente más o menos exacto de la Trinidad cristiana. Este error no es solo cosa de teólogos, que serían todavía excusables de querer reducirlo todo así a su punto de vista especial; lo que es más singular, es que es cometido incluso por gentes que son extrañas u hostiles a toda religión, comprendido el Cristianismo, pero que, debido al medio donde viven, conocen a pesar de todo a éste más que a las demás formas tradicionales (lo que, por lo demás, no quiere decir que le comprendan mucho mejor en el fondo), y que, por consiguiente, hacen de él más o menos inconscientemente una suerte de término de comparación al que buscan reducir todo lo demás. Entre todos los ejemplos que se podrían dar de estas asimilaciones abusivas, uno de aquellos que se encuentran más frecuentemente es el que concierne a la *Trimûrti* hindú, a la cual se da incluso corrientemente el nombre de "Trinidad", nombre que, al contrario, para evitar toda equivocación, es indispensable reservar en exclusiva a la concepción cristiana a la que siempre ha estado destinado a designar propiamente. En realidad, en los dos casos, se trata muy evidentemente de un conjunto de tres aspectos divinos, pero a eso se limita toda la semejanza; puesto que estos aspectos no son de ninguna manera los mismos por una parte y por otra, y puesto que su distinción no responde de ninguna manera al mismo punto de vista, es completamente imposible hacer corresponder respectivamente los tres términos de uno de estos dos ternarios a los del otro[15].

En efecto, la primera condición para que se pueda pensar en asimilar más o menos completamente dos ternarios que pertenecen a formas tradicionales diferentes, es la posibilidad de establecer válidamente entre ellos una correspondencia término a término; dicho de otro modo, es menester que sus términos estén realmente entre sí en una relación equivalente o similar. Por lo demás, esta condición no es suficiente para que sea permisible identificar pura y simplemente esos dos ternarios, ya que puede suceder que haya correspondencia entre ternarios, que, aunque sean así del mismo tipo, se podría decir, se sitúan no obstante a niveles diferentes, ya sea en el orden principial, ya sea en el orden de la manifestación, o ya sea incluso respectivamente en el uno y en el otro. Bien entendido, esto puede ser así igualmente para ternarios

---

[15] Entre los diferentes ternarios que considera la tradición hindú, el que quizás se podría aproximar más válidamente a la Trinidad cristiana en ciertos aspectos, aunque el punto de vista sea naturalmente todavía muy diferente, es el de *Sat-Chit-Ânanda* (Ver *El Hombre y su devenir según el Vêdânta*, cap. XIV).

considerados por una misma tradición; pero, en este caso, es más fácil no fiarse de una identificación errónea, ya que no hay que decir que esos ternarios no deben repetirse entre ellos, mientras que, cuando se trata de tradiciones diferentes, se está más bien tentado, desde que las apariencias se prestan a ello, a establecer equivalencias que pueden no estar justificadas en el fondo. Sea como sea, el error no es nunca tan grave como cuando consiste en identificar ternarios que no tienen en común más que el mero hecho de ser precisamente ternarios, es decir, conjuntos de tres términos, y donde estos tres términos están entre sí en relaciones completamente diferentes; así pues, para saber lo que es, es menester determinar primero de qué tipo de ternario se trata en cada caso, antes incluso de buscar a qué orden de realidad se refiere; si dos ternarios son del mismo tipo, habrá correspondencia entre ellos, y, si además se sitúan en el mismo orden o más precisamente al mismo nivel, entonces podrá haber identidad, si el punto de vista al que responden es el mismo, o al menos equivalencia, si ese punto de vista es más o menos diferente. Ante todo, es porque no se hacen las distinciones esenciales entre diferentes tipos de ternarios por lo que se llega a todo tipo de aproximaciones fantasiosas y sin el menor alcance real, como aquellas en las que se complacen concretamente los ocultistas, a quienes basta encontrar en alguna parte un grupo de tres términos cualesquiera para que se apresuren a ponerle en correspondencia con todos los demás grupos que se encuentra en otras partes y que contienen el mismo número de términos; sus obras están llenas de tablas constituidas de esta manera, y algunas de ellas son verdaderos prodigios de incoherencia y de confusión[16].

Como lo veremos más completamente a continuación, la Tríada extremo oriental pertenece al género de ternarios que están formados de dos términos complementarios y de un tercer término que es el producto de la unión de estos dos primeros, o, si se quiere, de su acción y reacción recíproca; así pues, de una manera general, si se toman como símbolos imágenes tomadas al dominio humano, los tres términos de un tal ternario podrían ser representados como el Padre, la Madre y el Hijo[17]. Ahora bien, es manifiestamente imposible hacer corresponder estos tres términos a los de la Trinidad cristiana, donde los dos primeros no son complementarios y en cierto modo simétricos, y donde el segundo se deriva al contrario del primero sólo; en cuanto al tercero, aunque procede de los otros dos, esta procesión no se concibe de ninguna manera como una generación o una filiación, sino que constituye otra relación esencialmente diferente de ésta, de cualquiera manera que se quiera intentar definirla, lo que

---

[16] Lo que decimos aquí a propósito de los grupos de tres términos se aplica también a los que contienen otro número, y que frecuentemente son asociados de la misma manera arbitraria, simplemente porque el número de sus términos es el mismo, y sin que la naturaleza real de esos términos sea tomada en consideración. Hay incluso quienes, para descubrir correspondencias imaginarias, llegan hasta fabricar artificialmente agrupaciones que no tienen tradicionalmente ningún sentido: un ejemplo típico en este género es el de Malfatti de Montereggio, que, en su *Mathèse*, habiendo juntado los nombres de diez principios muy heterogéneos tomados de aquí y de allá en la tradición hindú, ha creído encontrar en ellos un equivalente de las diez *Sephiroth* de la Kabbala hebraica.

[17] A este mismo género de ternarios pertenecen también las antiguas tríadas egipcias, de las que la más conocida es la de Osiris, Isis y Horus.

no vamos a examinar más precisamente aquí. Lo que puede dar lugar a algún equívoco, es el hecho de que, también aquí, dos de los términos son designados como el Padre y el Hijo; pero, primeramente, el Hijo es el segundo término y ya no el tercero, y, después, el tercer término no podría corresponder de ninguna manera a la Madre, aunque solo fuera, incluso a falta de cualquier otra razón, porque viene después del Hijo y no antes de él. Es verdad que algunas sectas cristianas más o menos heterodoxas han pretendido hacer al Espíritu Santo femenino, y que, por eso, frecuentemente han querido atribuirle justamente un carácter comparable al de la Madre; pero es muy probable que, en eso, hayan sido influenciadas por una falsa asimilación de la Trinidad con algún ternario del género de los que acabamos de hablar, lo que mostraría que los errores de este tipo no son exclusivamente propios de los modernos. Además, y para atenernos solo a esta consideración, el carácter femenino atribuido así al Espíritu Santo no concuerda de ninguna manera con el papel, antes al contrario, esencialmente masculino y "paternal", que es incontestable mente el suyo en la generación de Cristo; y esta observación es importante para nos, porque es precisamente ahí, y no en la concepción de la Trinidad, donde podemos encontrar, en el Cristianismo, algo que corresponde en un cierto sentido, y con todas las reservas que exige siempre la diferencia de los puntos de vista, a los ternarios del tipo de la Tríada extremo oriental[18].

---

[18] Hacemos observar incidentalmente que hay una equivocación en el hecho de que parezca creerse generalmente que la tradición cristiana no considera ningún

En efecto, la "operación del Espíritu Santo", en la generación de Cristo, corresponde propiamente a la actividad "no actuante" de *Purusha*, o del "Cielo" según el lenguaje de la tradición extremo oriental; la Virgen, por otra parte, es una perfecta imagen de *Prakriti*, que la misma tradición designa como la "Tierra"[19]; y, en cuanto a Cristo mismo, es aún más evidentemente idéntico al "Hombre Universal"[20]. Así, si se quiere encontrar una concordancia, se deberá decir, empleando los términos de la teología cristiana, que la Tríada no se refiere a la generación del Verbo *ad intra*, que está incluida en la concepción de la Trinidad, sino más bien a su generación *ad extra*, es decir, según la tradición hindú, al nacimiento del *Avatâra* en el mundo manifestado[21]. Por lo demás, esto es fácil de comprender, ya que la Tríada, al partir de la consideración de *Purusha* y de *Prakriti*, o de sus equivalentes, no puede situarse efectivamente más que del lado de la manifestación, cuyos dos primeros términos son los dos polos[22]; y se podría decir que la llena toda entera, ya que,

---

otro ternario que la Trinidad; antes al contrario se podrían encontrar muchos otros, y tenemos aquí uno de los más importantes.

[19] Esto es particularmente manifiesto en la figuración simbólica de las "Vírgenes negras", puesto que el color negro es aquí el símbolo de la indistinción de la *materia prima*.

[20] Recordaremos una vez más, a este propósito, que no entendemos contestar la "historicidad" de algunos hechos como tales, sino que, antes al contrario, consideramos los hechos históricos mismos como símbolos de una realidad de orden más elevado, y que es solo a este título como tienen para nos algún interés.

[21] La madre del *Avatâra* es *Mâyâ*, que es la misma cosa que *Prakriti*; no insistiremos sobre la aproximación que algunos han querido hacer entre los nombres *Mâyâ* y *María*, y no la señalamos más que a título de simple curiosidad.

[22] Ver *El Hombre y su devenir según el Vêdânta*, cap. IV.

así como se verá a continuación, el Hombre aparece en ella verdaderamente como la síntesis de los "diez mil seres", es decir, de todo lo que está contenido en la integralidad de la Existencia universal.

Capítulo II

Diferentes géneros de ternarios

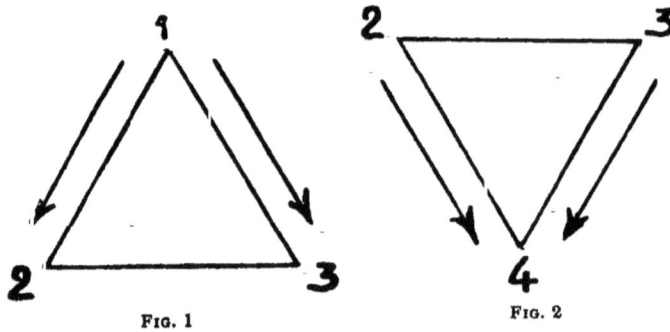

Fig. 1   Fig. 2

Lo que acabamos de decir determina ya el sentido de la Tríada, al mismo tiempo que muestra la necesidad de establecer una distinción clara entre los ternarios de diferentes géneros; a decir verdad, estos géneros pueden multiplicarse, ya que es evidente que tres términos pueden agruparse según relaciones muy diversas, pero insistiremos solo sobre los dos principales, no solo porque son los que presentan el carácter más general, sino también porque se refieren más directamente al tema mismo de nuestro estudio; y, además, las observaciones que vamos a tener que hacer a este propósito nos permitirán descartar desde ahora el error grosero de aquellos que han pretendido encontrar un "dualismo" en la tradición extremo oriental. Uno de estos géneros es aquel donde el ternario está constituido por un principio primero (al menos en un sentido relativo) del que derivan dos términos opuestos, o más bien complementarios, ya que, allí mismo donde la oposición está en las apariencias y tiene su razón de ser en un cierto nivel o en un cierto dominio, el complementarismo responde siempre a un punto de vista más profundo, y por consiguiente más verdaderamente conforme a la naturaleza real de aquello de lo que se trata; un tal ternario podrá ser representado por un triángulo cuya cima está colocada arriba (Fig. 1). El otro género es aquel donde el ternario está formado, como lo hemos dicho precedentemente, por los términos complementarios y por su producto o su resultante, y es a este género al que pertenece la Tríada extremo oriental; a la inversa del precedente, este ternario podrá ser representado por un triángulo cuya base está al contrario colocada arriba (Fig. 2)[23]. Si se comparan estos dos triángulos, el segundo aparece en cierto modo como un reflejo del primero, lo que indica que, entre los ternarios correspondientes, hay analogía en la verdadera significación de esta palabra, es decir, que debe aplicarse en sentido inverso; y, en efecto, si se parte de la consideración de los dos términos complementarios, entre los cuales hay necesariamente simetría, se ve que el ternario está completado en el primer caso por su principio, y en el

---

[23] Se verá en seguida por qué, en esta segunda figura, indicamos los tres términos por los números 2-3-4, y no por los números 1-2-3 como en la primera.

segundo, al contrario, por su resultante, de tal suerte que los dos complementarios están respectivamente después y antes del término que, al ser de otro orden, se encuentra por así decir como aislado frente a ellos[24]; y es evidente que, en todos los casos, es la consideración de este tercer término lo que da al ternario como tal toda sus significación.

Ahora, lo que es menester comprender bien antes de ir más lejos, es que, en una doctrina cualquiera, no podría haber "dualismo" más que si dos términos opuestos o complementarios (y entonces serían concebidos más bien como opuestos) se propusieron en ella primero y se consideraran después como últimos e irreductibles, sin ninguna derivación de un principio común, lo que excluye evidentemente la consideración de todo ternario del primer género; así pues, en una tal doctrina, no se podrían encontrar más que ternarios del segundo género, y, como éstos, así como ya lo hemos indicado, no se podrían referir nunca más que al dominio de la manifestación, con esto se ve inmediatamente que todo "dualismo" es necesariamente al mismo tiempo un "naturalismo". Pero el hecho de reconocer la existencia de una dualidad y de situarla en el lugar que le conviene realmente no constituye de ninguna manera un "dualismo", desde que los dos términos de esta dualidad

---

[24] Es lo que precisa también, en las dos figuras, el sentido de las flechas, que van, en la primera del vértice superior hacia la base, y, en la segunda, de la base hacia el vértice inferior; se podría decir también que el número 3 de los términos se descompone en 1+2 en el primer caso y en 2+1 en el segundo, y aparece claramente aquí que, si estos dos conjuntos son equivalentes desde el punto de vista cuantitativo, los mismos no lo son de ningún modo desde el punto de vista cualitativo.

proceden de un principio único, que pertenece como tal a un orden superior de realidad; y ello es así, ante todo, en lo que concierne a la primera de todas las dualidades, la de la Esencia y de la Substancia universal, salidas de una polarización del Ser o de la Unidad principial, y entre las cuales se produce toda manifestación. Son los dos términos de esta primera dualidad los que se designan como *Purusha* y *Prakriti* en la tradición hindú, y como el Cielo (*Tien*) y la Tierra (*Ti*) en la tradición extremo oriental; pero ni la una ni la otra, como tampoco por lo demás ninguna otra tradición ortodoxa, pierden de vista, al considerarlos, el principio superior del que se derivan. Hemos expuesto ampliamente, en otras ocasiones, lo que hay a este respecto en la tradición hindú; en cuanto a la tradición extremo oriental, considera no menos explícitamente, como principio común del Cielo y de la Tierra[25], lo que llama el "Gran Extremo" (*Tai-ki*), en el que están indisolublemente unidos, en el estado "indiviso" e "indistinguido"[26], anteriormente a toda diferenciación[27], y que es el Ser puro, identificado como tal a la "Gran Unidad" (*Tai-i*)[28]. Además, *Tai-ki*, el Ser o la Unidad trascendente,

---

[25] Y también, bien entendido, de los términos de todas las demás dualidades más particulares, que no son nunca en suma más que especificaciones de ésta, de suerte que, directa o indirectamente, todas se derivan en definitiva del mismo principio.

[26] Esta indistinción principial no debe ser confundida con la indistinción potencial que es solo la de la Substancia o de la *materia prima*.

[27] Debe entenderse bien que aquí no se trata de ninguna manera de una anterioridad temporal, ni de una sucesión en un modo cualquiera de la duración.

[28] El carácter *ki* es el que designa literalmente el "techo" de un edificio; así se dice simbólicamente que *Tai-i* reside en la Estrella polar, que es efectivamente el "techo" del Cielo visible, y que, como tal, representa naturalmente el del Cosmos todo entero.

presupone él mismo otro principio, *Wou-ki*, el No Ser o el Zero metafísico[29]; pero éste no puede entrar con nada en una relación tal que sea el primer término de un ternario cualquiera, puesto que toda relación de este tipo no es posible más que a partir de la afirmación del Ser o de la Unidad[30]. Así, en definitiva, se tiene primero un ternario del primer género, formado de *Tai-ki*, *Tien* y *Ti*, y después solo un ternario del segundo género, formado de *Tien*, *Ti* y *Jen*, y que es el que se ha tomado el hábito de designar como la "Gran Tríada"; en estas condiciones, es perfectamente incomprehensible que algunos hayan podido pretender atribuir un carácter "dualista" a la tradición extremo oriental.

La consideración de dos ternarios como aquellos de los que acabamos de hablar, que tienen en común los dos principios complementarios uno del otro, nos conduce todavía a algunas otras precisiones importantes: los dos triángulos inversos que los representan respectivamente puede ser considerados como teniendo la misma base, y, si se los figura unidos por esta base común, se ve en primer lugar que el conjunto de los dos ternarios forma un cuaternario, puesto que, al ser dos términos los mismos en uno y en el otro, no hay en total más

---

[29] *Wou-ki* corresponde, en la tradición hindú, al *Brahma* neutro y supremo (*Para-Brahma*), y *Tai-ki* a *Îshwara* o al *Brahma* "no supremo" (*Apara-Brahma*).

[30] Por encima de todo principio, hay todavía el *Tao*, que, en su sentido más universal, es a la vez No Ser y Ser, pero que, por lo demás, no es realmente diferente del No Ser en tanto que éste contiene al Ser, que es él mismo el principio primero de toda manifestación, y que se polariza en Esencia y Substancia (o Cielo y Tierra) para producir efectivamente esta manifestación.

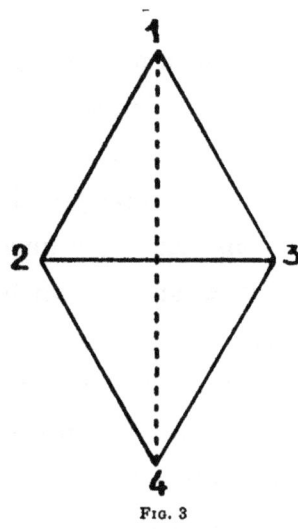

Fig. 3

que cuatro términos distintos, y después se ve que el último término de este cuaternario, al situarse sobre la vertical salida del primero y simétricamente a éste en relación a la base, aparece como el reflejo de este primer término, estando representado el plano de reflexión por la base misma, es decir, no siendo está más que el plano mediano donde se sitúan los dos términos complementarios salidos del primer término y que producen el último (Fig. 3)[31]. Esto es fácil de comprender en el fondo, ya que, por una parte, los dos complementarios están contenidos principalmente en el primer término, de suerte que sus naturalezas respectivas, incluso cuando parecen

---

[31] La figura así formada tiene algunas propiedades geométricas bastante notables que señalaremos de pasada: los dos triángulos equiláteros opuestos por su base se inscriben en dos circunferencias iguales de las que cada una pasa por el centro de la otra; la cuerda que une sus puntos de intersección es naturalmente la base común de los dos triángulos, y los dos arcos subtendidos por esta cuerda y que limitan la parte común a los dos círculos forman la figura llamada *mandorla* (almendra) o *vesica piscis*, bien conocida en el simbolismo arquitectónico y sigilario de la Edad Media. — En la antigua Masonería operativa inglesa, el número total de los grados de estas dos circunferencias, o sea 360 x 2 = 720, proporcionaba la respuesta a la cuestión relativa a la longitud del *cable-tow*; no podemos traducir este término especial, primero porque no hay ningún equivalente exacto en español, y después porque presenta fonéticamente un doble sentido que evoca (por asimilación al árabe *qabeltu*) el compromiso iniciático, de suerte que expresa, se podría decir, un "lazo" en todos los sentidos de esta palabra.

contrarias, no son en realidad más que el resultado de una diferenciación de la naturaleza de éste; y por otra, el último término, al ser el producto de los dos complementarios, participa a la vez de uno y del otro, lo que equivale a decir que reúne de alguna manera en él sus dos naturalezas, de suerte que, a su nivel, es como una imagen del primer término; y esta consideración nos lleva a precisar todavía más la relación de los diferentes términos entre sí.

Acabamos de ver que los dos términos extremos del cuaternario, que son al mismo tiempo respectivamente el primer término del primer ternario y el último del segundo, son el uno y el otro, por su naturaleza, intermediarios en cierto modo entre los otros dos, aunque por una razón inversa: en los dos casos, unen y concilian en ellos los elementos del complementarismo, pero uno en tanto que principio, y el otro en tanto que resultante. Para hacer sensible este carácter intermediario, se pueden figurar los términos de cada ternario según una disposición lineal[32]: en el primer caso, el primer término se sitúa entonces en el medio de la línea que une los otros dos, a los cuales da nacimiento simultáneamente por un movimiento centrífugo dirigido en los dos sentidos y que constituye lo que se puede llamar su polarización (Fig. 4); en el segundo caso, los dos términos complementarios producen, por un movimiento centrípeto que parte a la vez del uno y del otro, una resultante que es el último término, y que se sitúa igualmente en el

---

[32] Esta figura puede ser considerada como la resultante de la proyección de cada uno de los triángulos precedentes sobre un plano perpendicular al suyo y que pasa por su base.

medio de la línea que les une (Fig. 5); por consiguiente, el principio y la resultante ocupan así uno y otro una posición central en relación a los dos complementarios, y esto hay que retenerlo particularmente en vista a las consideraciones que seguirán.

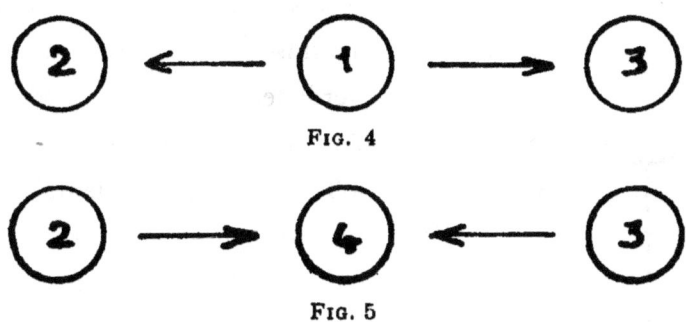

FIG. 4

FIG. 5

Es menester todavía agregar esto: dos términos contrarios o complementarios (y que, en el fondo, son siempre más bien complementarios que contrarios en su realidad esencial) pueden estar, según los casos, en oposición horizontal (oposición de derecha a izquierda) o en oposición vertical (oposición de arriba a abajo), así como hemos indicado ya en otra parte[33]. La oposición horizontal es la de dos términos que, al situarse en un mismo grado de realidad, son, se podría decir, simétricos bajo todo los aspectos; la oposición vertical marca al contrario una jerarquización entre los dos términos, que, aunque son también simétricos en tanto que complementarios, son no obstante tales que uno debe ser considerado como superior y el otro como inferior. Importa precisar que, en este último caso, no se puede situar entre los

---

[33] *El Reino de la Cantidad y los Signos de los Tiempos*, cap. XXX.

dos complementarios, o en el medio de la línea que les une, el primer término de un ternario del primer género, sino solo el tercer término de un ternario del segundo género, ya que el principio no puede encontrarse de ninguna manera en un nivel inferior al de uno de los dos términos que han salido de él, sino que es necesariamente superior al uno y al otro, mientras que la resultante, al contrario, es verdaderamente intermediaria bajo esta relación igualmente; y este último caso es el de la Tríada extremo oriental, que puede disponerse así según una línea vertical (Fig. 6)[34]. En efecto, la Esencia y Substancia universal son respectivamente el polo superior y el polo inferior de la manifestación, y se puede decir que una está propiamente por encima y la segunda por debajo de toda existencia; por lo demás, cuando se las designa como el Cielo y la Tierra, esto se traduce incluso, de una manera muy exacta, en las apariencias sensibles que les sirven de símbolos[35]. Así pues, la manifestación se sitúa toda entera entre estos dos polos; y,

Fig. 6

---

[34] En esta figura, representamos el término superior (el Cielo) por un círculo y el término inferior (la Tierra) por un cuadrado, lo que es, como se verá, conforme a los datos de la tradición extremo oriental; en cuanto al término mediano (el Hombre), lo representamos por una cruz, puesto que, como lo hemos expuesto en otra parte, ésta es el símbolo del "Hombre Universal" (cf. *El Simbolismo de la Cruz*).

[35] Por eso es por lo que el "techo del Cielo" (*Tien-ki*) es también, como lo indicábamos en una nota precedente, el del Cosmos todo entero.

naturalmente, es lo mismo con el Hombre, que no solo forma parte de la manifestación, sino que constituye, simbólicamente su centro mismo, y que, por esta razón, la sintetiza en su integralidad. Así, el Hombre, colocado entre el Cielo y la Tierra, debe ser considerado primero como el producto o la resultante de sus influencias recíprocas; pero después, por la doble naturaleza que tiene del uno y de la otra, deviene el término mediano o "mediador" que les une y que es por así decir, según un simbolismo sobre el que volveremos, el "puente" que va del uno a la otra. Se pueden expresar estos dos puntos de vista por una simple modificación del orden en el cual están enumerados los términos de la Tríada: si se enuncia ésta en el orden "Cielo, Tierra, Hombre", el Hombre aparece en ella como el Hijo del Cielo y de la Tierra; si se enuncia en el orden "Cielo, Hombre, Tierra", aparece en ella como el Mediador entre el Cielo y la Tierra.

Capítulo III

CIELO Y TIERRA

"El Cielo cubre, la Tierra soporta": tal es la fórmula tradicional que determina, con una extrema concisión, los papeles de estos dos principios complementarios, y que define simbólicamente sus situaciones, respectivamente superior e inferior, en relación a los "diez mil seres", es decir, a todo el conjunto de la manifestación universal[36]. Se indican así, por una parte, el carácter "no actuante" de la actividad del Cielo o de *Purusha*[37], y, por otra, la pasividad de la Tierra o de *Prakriti*, que es propiamente un "terreno"[38] o un "soporte" de manifestación[39], y que es también, por

---

[36] Ya hemos indicado en otra parte por qué el número "diez mil" se toma para representar simbólicamente lo indefinido (*Los Principios del Cálculo Infinitesimal*, cap. IX). — Acerca del Cielo que "cubre", recordaremos que un simbolismo idéntico está incluido en el griego *Ouranos*, equivalente al sánscrito *Varuna*, de la raíz *var*, "cubrir", y también en el latín *Caelum*, derivado de *caelare*, "ocultar" o "cubrir" (ver *El Rey del Mundo*, cap. VII).

[37] La "operación del Espíritu Santo", de la cual hablábamos más atrás, es designada a veces en lenguaje teológico por el término *obumbratio*, que expresa en el fondo la misma idea.

[38] La palabra inglesa *ground* traduce aún más exactamente y más completamente que la palabra francesa correspondiente lo que queremos decir aquí.

[39] Cf. la significación etimológica de la palabra "substancia", literalmente "lo que está debajo".

consiguiente, un plano de resistencia y de detención para la fuerzas o las influencias celestes que actúan en sentido descendente. Por lo demás, esto puede aplicarse a un nivel cualquiera de existencia, puesto que siempre se puede considerar, en un sentido relativo, que la esencia y la substancia, en relación a todo estado de manifestación, son, para ese estado tomado en particular, los principios que corresponden a lo que son la Esencia y la Substancia universales para la totalidad de los estados de la manifestación[40].

En lo Universal, y vistos del lado de su principio común, el Cielo y la Tierra se asimilan respectivamente a la "perfección activa" (*Khien*) y a la "perfección pasiva" (*Khouen*), de las que ni la una ni la otra son, por lo demás, la Perfección en el sentido absoluto, puesto que hay ahí ya una distinción que implica forzosamente una limitación; vistos del lado de la manifestación, son solo la Esencia y la Substancia, que, como tales, se sitúan a un menor grado de universalidad, puesto que no aparecen así precisamente más que en relación a la manifestación[41]. En todos los casos, y a cualquier nivel que se les considere correlativamente, el Cielo y la Tierra son siempre respectivamente un principio activo y un principio

---

[40] Esto nos permitirá comprender concretamente, a continuación, cómo el papel de "mediador" puede ser atribuido realmente a la vez al "hombre verdadero" y al "hombre transcendente", mientras que, sin esta precisión, parecería que no debe serlo más que este último exclusivamente.

[41] Cf. el *Simbolismo de la Cruz*, cap. XXIII. — El primero de los dos puntos de vista indicados aquí es propiamente metafísico, mientras que el segundo es más bien de orden cosmológico, y, más precisamente, constituye el punto de partida mismo de toda cosmología tradicional.

pasivo, o, según uno de los simbolismos más generalmente empleados a este respecto, un principio masculino y un principio femenino, lo que es efectivamente el tipo mismo del complementarismo por excelencia. Es de ahí de donde derivan, de una manera general, todos los demás caracteres, que son en cierto modo secundarios en relación a éste; no obstante, a este respecto, es menester estar atentos a algunos cambios de atributos que podrían dar lugar a equivocaciones, y que, por lo demás, son bastante frecuentes en el simbolismo tradicional cuando se trata de las relaciones entre principios complementarios; tendremos que volver sobre este punto después, concretamente sobre el tema de los símbolos numéricos que se refieren respectivamente al Cielo y la Tierra.

Se sabe que, en un complementarismo cuyos dos términos se consideran como activo y pasivo el uno en relación al otro, el término activo se simboliza generalmente por una línea vertical y el término pasivo por una línea horizontal[42]; el Cielo y la tierra también se representan a veces conformemente a este simbolismo. Solo que, en este caso, las dos líneas no se atraviesan, como lo hacen más habitualmente, de manera que formen una cruz, ya que es evidente que el símbolo del Cielo debe ser situado todo entero por encima del símbolo de la Tierra: así pues, es una perpendicular que tiene su pie sobre la horizontal[43], y estas dos líneas pueden ser consideradas

---

[42] Ver *El Simbolismo de la Cruz*, cap. VI.

[43] Veremos que esta perpendicular tiene todavía otras significaciones que corresponden a puntos de vista diferentes; pero, por el momento, no

como la altura y la base de un triángulo cuyos lados laterales, que parten del "techo del Cielo", determinan efectivamente la medida de la superficie de la Tierra, es decir, delimitan el "terreno" que sirve de soporte a la manifestación (Fig. 7)[44].

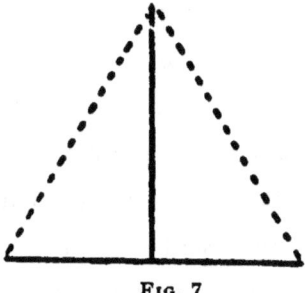

Fig. 7

No obstante, la representación geométrica que se encuentra más frecuentemente en la tradición extremo oriental es la que refiere las formas circulares al Cielo y las formas cuadradas a la Tierra, así como ya lo hemos explicado en otra parte[45]; sobre este punto, recordaremos solo que la marcha descendente del ciclo de la manifestación (y esto en todos los grados de mayor o menor extensión en que un tal ciclo puede ser considerado), al ir desde su polo superior que es el Cielo a su polo inferior que es la Tierra (o lo que los

---

consideraremos más que la representación geométrica del complementarismo del Cielo y de la Tierra.

[44] La figura formada por la vertical y la horizontal así dispuestas es también un símbolo bien conocido hasta en nuestros días en la Masonería anglosajona, aunque sea de aquellos que la Masonería llamada "latina" no ha conservado. En el simbolismo constructivo en general, la vertical es representada por la perpendicular o la plomada y la horizontal por el nivel. — Al mismo simbolismo corresponde también una disposición similar de las letras *alif* y *ba* del alfabeto árabe.

[45] *El Reino de la Cantidad y los Signos de los Tiempos*, cap. XX.

representa desde un punto de vista relativo, si no se trata más que de un ciclo particular), puede ser considerada como partiendo de la forma menos "especificada" de todas, que es la esfera, para concluir en la que es al contrario la más "fijada", y que es el cubo[46]; y se podría decir también que la primera de estas dos formas tiene un carácter eminentemente "dinámico" y que la segunda tiene un carácter eminentemente "estático", lo que corresponde todavía a lo activo y a lo pasivo. Por lo demás, se puede vincular de una cierta manera esta representación a la precedente, si se considera en ésta la línea horizontal como la huella de una superficie plana (cuya parte "medida" será un cuadrado[47]), y la línea vertical como el radio de una superficie hemisférica, que encuentra el plano terrestre según la línea del horizonte. En efecto, es en su periferia o en sus confines más alejados, es decir, en el horizonte, donde el Cielo y la Tierra se juntan según las apariencias sensibles; pero es menester observar aquí que la realidad simbolizada por estas apariencias debe tomarse en sentido inverso, ya que, según esta realidad, se unen al contrario por el centro[48], o, si se les considera en el

---

[46] En la geometría de tres dimensiones, la esfera corresponde naturalmente al círculo y el cubo al cuadrado.

[47] Es menester aproximar a esto el hecho de que, en los símbolos de algunos grados masónicos, la abertura del compás, cuyos brazos corresponden a los lados laterales del triángulo de la figura 7, mide un cuarto del círculo, cuya cuerda es el lado del cuadrado inscrito.

[48] Es por una aplicación similar del sentido inverso por lo que el Paraíso terrestre, que es también el punto de comunicación del Cielo y de la Tierra, aparece a la vez como situado en la extremidad del mundo según el punto de vista "exterior" y en su centro según el punto de vista "interior" (ver *El Reino de la Cantidad y los Signos de los Tiempos*, cap. XXIII).

estado de separación relativa necesaria para que el Cosmos pueda desarrollarse entre ellos, se comunican por el eje que pasa por este centro[49], y que precisamente los separa y los une a la vez, o que, en otros términos, mide la distancia entre el Cielo y la Tierra, es decir, la extensión misma del Cosmos según el sentido vertical que marca la jerarquía de los estados de la existencia manifestada, ligándolos uno a otro a través de esta multiplicidad de estados, que aparecen a este respecto como otros tantos escalones por los que un ser en vía de retorno hacia el Principio puede elevarse de la Tierra al Cielo[50].

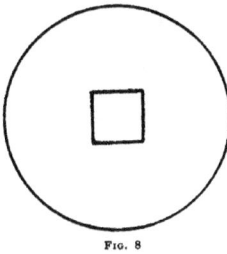

Fig. 8

Se dice también que el Cielo, que envuelve o abarca a todas las cosas, presenta al Cosmos una cara "ventral", es decir, interior, y la Tierra, que las soporta, presenta una cara "dorsal", es decir, exterior[51]; esto es fácil de ver con la simple

---

[49] Este eje se identifica naturalmente con el rayo vertical de la figura precedente; pero, desde este punto de vista, este rayo, en lugar de corresponder al Cielo mismo, representa solo la dirección según la cual la influencia del Cielo actúa sobre la Tierra.

[50] Por eso es por lo que, como lo veremos más adelante, el eje vertical es también la "Vía del Cielo" (*Tien-Tao*).

[51] Esta asimilación aparecería como inmediatamente evidente en una lengua tal como el árabe, donde el vientre es *el-batn*, y lo interior *el-bâten*, la espalda es *ez-zahr* y lo exterior *ez-zâher*.

inspección de la figura adjunta, donde el Cielo y la tierra, naturalmente, están representados respectivamente por un círculo y un cuadrado concéntricos (Fig. 8). Se observará que esta figura reproduce la forma de las monedas chinas, forma que, por lo demás, es originariamente la de algunas tablillas rituales[52]: entre el contorno circular y el vacío cuadrado de en medio, la parte plana, donde se inscriben los caracteres, corresponde evidentemente al Cosmos, donde se sitúan los "diez mil seres"[53], y el hecho de que esté comprendida entre dos vacíos expresa simbólicamente que lo que no está entre el Cielo y la Tierra está por eso mismo fuera de la manifestación[54]. No obstante, hay un punto sobre el que la figura puede parecer inexacta, y que corresponde por lo demás a un defecto necesariamente inherente a toda representación sensible: si solo se prestase atención a las posiciones respectivas aparentes del Cielo y de la Tierra, o más bien a lo que les figura, podría parecer que el Cielo está en el exterior y la Tierra en él interior; pero es que, aquí todavía, es menester no olvidar hacer la aplicación de la analogía en sentido inverso: en realidad, bajo todos los puntos de vista, la "interioridad" pertenece al Cielo y la "exterioridad" a la Tierra, y encontraremos de nuevo esta

---

[52] Sobre el valor simbólico de las monedas en las civilizaciones tradicionales en general, ver *El Reino de la Cantidad y los Signos de los Tiempos*, cap. XVI.

[53] Apenas hay necesidad de hacer observar que los caracteres son los nombres de los seres, y que, por consiguiente, representan a éstos de una manera completamente natural, sobre todo cuando se trata de una escritura ideográfica como es el caso para la lengua china.

[54] La expresión *Tien-hia*, literalmente "bajo el Cielo", se emplea corrientemente en chino para designar el conjunto del Cosmos.

consideración un poco más adelante. Por lo demás, incluso tomando simplemente la figura tal cual es, se ve que, en relación al Cosmos, el Cielo y la Tierra, por eso mismo de que son sus extremos límites, no tienen verdaderamente más que una sola cara, y que esta cara es interior para el Cielo y exterior para la Tierra; si se quisiera considerar su otra cara, sería menester decir que ésta no puede existir más que en relación al principio común en el que se unifican, y donde desaparece toda distinción de lo interior y de lo exterior, como toda oposición e incluso todo complementarismo, para no dejar subsistir más que la "Gran Unidad".

Capítulo IV

"Yin" y "Yang"

En su parte propiamente cosmológica, la tradición extremo oriental atribuye una importancia capital a los dos principios, o, si se prefiere, a las dos "categorías" que designa por los nombres de *yang* y de *yin*: todo lo que es activo, positivo o masculino es *yang*, y todo lo que es pasivo, negativo o femenino es *yin*. Estas dos categorías están vinculadas simbólicamente a la luz y a la sombra: en todas las cosas, el lado iluminado es *yang* y el lado oscuro es *yin*; pero, puesto que no se encuentran nunca el uno sin el otro, aparecen como complementarios mucho más que como opuestos[55]. Este sentido de luz y de sombra se encuentra concretamente, con su acepción literal, en la determinación de los emplazamientos geográficos[56]; y el sentido más general, en el que estas mismas denominaciones de *yang* y de *yin* se

---

[55] Así pues, sería menester no interpretar aquí esta distinción de luz y de sombra en términos de "bien" y de "mal" como a veces se hace en otras partes, como por ejemplo en el Mazdeísmo.

[56] Puede parecer extraño, a primera vista, que al lado *yang* sea la vertiente sur de una montaña, pero el lado norte de un valle o la orilla norte de un río (siendo naturalmente el lado *yin* siempre el opuesto a éste); pero basta considerar la dirección de los rayos solares, que vienen del Sur, para darse cuenta de que, en todos los casos, es efectivamente el lado iluminado el que se designa como *yang*.

extienden a los términos de todo complementarismo, tiene innumerables aplicaciones en todas las ciencias tradicionales[57].

Según lo que ya hemos dicho, es fácil comprender que *yang* es lo que procede de la naturaleza del Cielo, y *yin* lo que procede de la naturaleza de la Tierra, puesto que es de este primer complementarismo del Cielo y de la Tierra de donde se derivan todos los demás complementarismos más o menos particulares; y, por ello, se puede ver inmediatamente la razón de la asimilación de estos dos términos a la luz y a la sombra. En efecto, el aspecto *yang* de los seres responde a lo que hay en ellos de "esencial" o de "espiritual", y se sabe que el Espíritu es identificado a la Luz por el simbolismo de todas las tradiciones: por otra parte, su aspecto *yin* es aquel por el que se relacionan con la "substancia", y ésta, por el hecho mismo de la "ininteligibilidad" inherente a su indistinción o a su estado de pura potencialidad, puede ser definida propiamente como la raíz obscura de toda existencia. Desde este punto de vista, se puede decir también, tomando para ello el lenguaje aristotélico y escolástico, que *yang* es todo lo que está "en acto" y *yin* todo lo que está "en potencia", o que todo ser es *yang* bajo el aspecto en que está "en acto" y *yin* bajo el aspecto en que está "en potencia", puesto que estos dos

---

[57] En particular, la medicina tradicional china se basa en cierto modo toda entera sobre la distinción del *yang* y del *yin*: toda enfermedad se debe a un estado de desequilibrio, es decir, a un exceso de uno de estos dos términos en relación al otro; es menester pues reforzar a este último para restablecer el equilibrio, y es así como se alcanza la enfermedad en su causa misma, en lugar de limitarse a tratar síntomas más o menos exteriores y superficiales como hace la medicina profana de los Occidentales modernos.

aspectos se encuentran reunidos necesariamente en todo lo que es manifestado.

El Cielo en enteramente *yang* y la Tierra es enteramente *yin*, lo que equivale a decir, que la Esencia es acto puro y que la Substancia es potencia pura; pero solo ellos lo son así en el estado puro, en tanto que son los dos polos de la manifestación universal; y, en todas las cosas manifestadas, el *yang* no está nunca sin el *yin* ni el *yin* sin el *yang*, puesto que su naturaleza participa a la vez del Cielo y de la Tierra[58]. Si se consideran especialmente el *yang* y el *yin* bajo su aspecto de elementos masculino y femenino, se podrá decir que, en razón de esta participación, todo ser es "andrógino" en un cierto sentido y en una cierta medida, y que, por lo demás, lo es tanto más completamente cuanto más equilibrados estén en él estos dos elementos; así pues, el carácter masculino o femenino de un ser individual (si se habla rigurosamente, sería menester decir principalmente masculino o femenino) puede considerarse como resultando de la predominancia del uno o del otro. Estaría naturalmente fuera de propósito aquí emprender el desarrollo de todas las consecuencias que se pueden sacar de esta precisión; pero basta un poco de reflexión para entrever sin dificultad la importancia que son susceptibles de presentar, en particular, para todas las ciencias que se refieren al estudio del hombre individual bajo los diversos puntos de vista desde los que éste puede ser considerado.

---

[58] Por eso es por lo que, según una fórmula masónica, el iniciado debe saber "descubrir la luz en las tinieblas (el *yang* en el *yin*) y las tinieblas en la luz (el *yin* en el *yang*)".

Hemos visto más atrás que la Tierra aparece por su cara "dorsal" y el Cielo por su cara "ventral"; por eso es por lo que el *yin* está "en el exterior", mientras que el *yang* está "en el interior"[59]. En otros términos, las influencias terrestres, que son *yin*, son las únicas sensibles, y las influencias celestes, que son *yang*, escapan a los sentidos y no pueden ser aprehendidas más que por las facultades intelectuales. En eso reside una de la razones por las que, en los textos tradicionales, el *yin* se nombra generalmente antes que el *yang*, lo que puede parecer contrario a la relación jerárquica que existe entre los principios a los que corresponden, es decir, entre el Cielo y la Tierra, en tanto que son el polo superior y el polo inferior de la manifestación; esta inversión del orden de los dos términos complementarios es característica de un cierto punto de vista cosmológico, que es también el del *Sânkhya* hindú, donde *Prakriti* figura igualmente al comienzo de la enumeración de los *tattwas* y *Purusha* al final. Este punto de vista, en efecto, procede en cierto modo "remontando", del mismo modo que la construcción de un edificio comienza por la base y se acaba por el techo; parte de lo que es más inmediatamente aprehensible para ir hacia lo que está más oculto, es decir, que va del exterior al interior, o del *yin* al *yang*; en eso, es inverso del punto de vista metafísico, que, partiendo del principio para ir a las consecuencias, va al contrario del interior al

---

[59] Expresada bajo esta forma, la cosa es inmediatamente comprehensible para la mentalidad extremo oriental; pero debemos reconocer que, sin las explicaciones que hemos dado precedentemente sobre este punto, el lazo así establecido entre las dos proposiciones tendría la naturaleza de desconcertar singularmente la lógica especial de los Occidentales.

exterior; y esta consideración del sentido inverso muestra efectivamente que estos dos puntos de vista corresponden propiamente a dos grados diferentes de realidad. Por lo demás, ya hemos visto en otra parte que, en el desarrollo del proceso cosmogónico, las tinieblas, identificadas al caos, están "en el comienzo", y que la luz, que ordena este caos para sacar de él el Cosmos, es "después de las tinieblas"[60]; esto equivale a decir también que, bajo este aspecto, el *yin* es efectivamente antes que el *yang*[61].

El *yang* y el *yin*, considerados separadamente el uno del otro, tienen como símbolos lineales lo que se llaman las "dos determinaciones" (*eul-i*), es decir, el trazo pleno y el trazo quebrado, que son los elementos de los trigramas y de los hexagramas del *Yi-king*, de tal suerte que éstos representan todas las combinaciones posibles de esos dos términos, combinaciones que constituyen la integralidad del mundo manifestado. El primer y el último hexagramas, que son *Khien* y *Khouen*[62], están formados respectivamente por seis trazos plenos y seis trazos quebrados; representan pues la plenitud

---

[60] *Apercepciones sobre la Iniciación*, cap. XLVI.

[61] Se puede encontrar algo análogo a esto en el hecho de que, según el simbolismo del encadenamiento de los ciclos, los estados inferiores de la existencia aparecen como antecedentes en relación a los estados superiores; por eso es por lo que la tradición hindú representa a los *Asuras* como anteriores a los *Dêvas*, y describe por otra parte la sucesión cosmogónica de los tres *gunas* como efectuándose en el orden de *tamas*, *rajas*, *sattwa*, que va, por consiguiente, de la obscuridad a la luz (ver *El Simbolismo de la Cruz*, cap. V, y también *El Esoterismo de Dante*, cap. VI).

[62] De igual modo que el primer y el último de los ocho trigramas (*koua*), que comprenden así mismo tres trazos plenos y tres trazos quebrados; cada hexagrama esta formado por la superposición de dos trigramas semejantes o diferentes, lo que da un total de sesenta y cuatro combinaciones.

del *yang*, que se identifica al Cielo, y la del *yin*, que se identifica a la Tierra; y es entre estos dos extremos donde se colocan todos los demás hexagramas, en los que el *yang* y el *yin* se mezclan en proporciones diversas, y que corresponden así al desarrollo de toda la manifestación.

FIG. 9

Por otra parte, estos dos mismos términos *yang* y *yin*, cuando están unidos, son representados por el símbolo que, por esta razón, se llama *yin-yang* (Fig. 9)[63], símbolo que ya hemos estudiado en otra parte desde el punto de vista donde representa más particularmente el "círculo del destino individual"[64]. Conformemente al simbolismo de la luz y de la sombra, la parte clara de la figura es *yang*, y su parte obscura es *yin*; y los puntos centrales, obscuro en la parte clara y claro en la parte obscura, recuerdan que, en realidad, el *yang* y el

---

[63] Esta figura se coloca habitualmente en el centro de los ocho trigramas dispuestos circularmente.

[64] *El Simbolismo de la Cruz*, cap. XXII. — A este respecto, la parte *yin* y la parte *yang* representan respectivamente la huella de los estados inferiores y el reflejo de los estados superiores en relación a un estado dado de la existencia, tal como el estado individual humano, lo que concuerda estrictamente con lo que indicábamos hace un momento sobre la relación del encadenamiento de los ciclos con la consideración del *yin* como anterior al *yang*.

yin no se encuentran nunca el uno sin el otro. En tanto que el *yang* y el *yin* están ya distinguidos aunque están unidos (y es por eso por lo que la figura es propiamente *yin-yang*), es el símbolo del "Andrógino" primordial, puesto que sus elementos son los dos principios masculino y femenino; es también, según otro simbolismo tradicional más general todavía, el "Huevo del Mundo", cuyas dos mitades, cuando se separen, serán respectivamente el Cielo y la Tierra[65]. Por otro lado, la misma figura, considerada como formando un todo indivisible[66], lo que corresponde al punto de vista principial, deviene el símbolo de *Tai-ki*, que aparece así como la síntesis del *yin* y del *yang*, pero a condición de precisar bien que esta síntesis, al ser la Unidad primera, es anterior a la diferenciación de sus elementos, y por consiguiente absolutamente independiente de éstos; de hecho, no puede tratarse propiamente de *yin* y de *yang* más que en relación al mundo manifestado, que, como tal, procede todo entero de las "dos determinaciones". Estos dos puntos de vista según los que puede considerarse el símbolo se resumen en la fórmula siguiente: "Los diez mil seres son producidos (*tsao*)

---

[65] La figura considerada como plana corresponde a la sección diametral del "Huevo del Mundo", en el nivel del estado de existencia en relación al que se considera el conjunto de la manifestación.

[66] Las dos mitades están delimitadas por una línea sinuosa, que indica una interpenetración de los dos elementos, mientras que, si lo estuvieran por un diámetro, se podría ver en ello más bien una simple yuxtaposición. — Hay que precisar que esta línea sinuosa está formada de dos semi-circunferencias cuyo radio es la mitad del radio de la circunferencia que forma el contorno de la figura, y cuya longitud total es por consiguiente igual a la mitad de la de esta circunferencia, de suerte que cada una de las dos mitades de la figura está envuelta por una línea igual en longitud a la que envuelve la figura total.

por *Tai-i* (que es idéntica a *Tai-ki*), modificados (*houa*) por *yin-yang*", ya que todos los seres provienen de la Unidad principial[67], pero sus modificaciones en el "devenir" se deben a las acciones y reacciones recíprocas de las "dos determinaciones".

---

[67] *Tai-i*, es el *Tao* "con un nombre", que es la "madre de los diez mil seres" (*Tao-te-king*, cap. I). — El *Tao* "sin nombre" es el No-Ser, y el *Tao* "con un nombre" es el Ser: "Si fuera menester dar un nombre al *Tao* (aunque realmente no pueda ser nombrado), se le llamaría (como equivalente aproximado) la Gran Unidad".

Capítulo V

LA DOBLE ESPIRAL

FIG. 10

Pensamos que no carece de interés hacer aquí una digresión, al menos aparente, a propósito de un símbolo que es estrechamente conexo al del *yin-yang*: este símbolo es la doble espiral (Fig. 10), que desempeña un papel extremadamente importante en el arte tradicional de los países más diversos, y concretamente en el de la Grecia arcaica[68]. Como se ha dicho muy justamente, esta doble espiral, "que puede considerarse como la proyección plana de los dos hemisferios del Andrógino, ofrece la imagen del ritmo

---

[68] Conformemente a las tendencias modernas, algunos no quieren ver en ello, naturalmente, más que un motivo simplemente "decorativo" u "ornamental"; pero olvidan o ignoran que toda "ornamentación" tiene originariamente un carácter simbólico aunque, por una suerte de "supervivencia", haya podido continuar siendo empleada en épocas en las que ese carácter había cesado de ser comprendido.

alternado de la evolución y de la involución, del nacimiento y de la muerte, en una palabra representa la manifestación bajo su doble aspecto"⁶⁹. Por lo demás, esta figuración puede considerarse a la vez en un sentido "macrocósmico" y en un sentido "microcósmico": en razón de su analogía, siempre se puede pasar del uno al otro de estos dos puntos de vista por una transposición conveniente; pero es sobre todo al primero al que vamos a referirnos directamente aquí, ya que es en relación al simbolismo del "Huevo del Mundo", al que ya hemos hecho alusión a propósito del *yin-yang*, donde se presentan las aproximaciones más destacables. Desde este punto de vista, se pueden considerar las dos espirales como la indicación de una fuerza cósmica que actúa en sentido inverso en los dos hemisferios, que, en su aplicación más extensa, son naturalmente las dos mitades del "Huevo del Mundo", siendo los dos polos los puntos alrededor de los cuales se enrollan estas dos espirales⁷⁰. Se puede observar enseguida que esto está en relación estrecha con los dos sentidos de rotación del *swastika* (Fig. 11), puesto que éstos representan en suma la misma revolución del mundo

---

⁶⁹ Elías Lebasquais, *Tradition hellénique et Art grec*, en los *Études traditionnelles*, número de diciembre de 1935.
⁷⁰ La doble espiral es el elemento principal de algunos talismanes muy extendidos en los países islámicos; en una de las formas más completas, los dos puntos en cuestión están marcados por estrellas que son los dos polos; sobre una vertical mediana que corresponde al plano de separación de los dos hemisferios, y respectivamente por encima y por debajo de la línea que une las dos espirales una a la otra, están el Sol y la Luna; en fin, en los cuatro ángulos hay cuatro figuras cuadrangulares que corresponden a los cuatro elementos, identificados así a los cuatro "ángulos" (*arkân*) o fundamentos del mundo.

alrededor de su eje, pero vista respectivamente desde uno y otro de los dos polos[71]; y estos dos sentidos de rotación expresan en efecto la doble acción de la fuerza cósmica de que se trata, doble acción que es en el fondo la misma cosa que la dualidad del *yin* y del *yang* bajo todos sus aspectos.

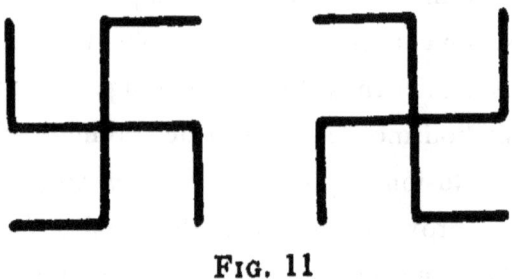

FIG. 11

Es fácil darse cuenta de que, en el símbolo del *yin-yang*, las dos semicircunferencias que forman la línea que delimita interiormente las dos partes clara y obscura de la figura corresponden exactamente a las dos espirales, y sus puntos centrales, obscuro en la parte clara y claro en la parte obscura, corresponden a los dos polos. Esto nos conduce a la idea del "Andrógino", así como lo hemos indicado precedentemente; y recordaremos también a este propósito que los dos principios *yin* y *yang* siempre deben considerarse en realidad como complementarios, incluso si sus acciones respectivas, en los diferentes dominios de la manifestación, aparecen exteriormente como contrarias. Así pues, se puede hablar, ya sea de la doble acción de una fuerza única, como lo hacíamos hace un momento, o ya sea de dos fuerzas producidas por la

---

[71] Ver *El Simbolismo de la Cruz*, cap. X.

polarización de ésta y centradas sobre los dos polos, y que producen a su vez, por las acciones y reacciones que resultan de su diferenciación misma, el desarrollo de las virtualidades comprendidas en el "Huevo del Mundo", desarrollo que comprende todas las modificaciones de los "diez mil seres"[72].

Hay que destacar que estas dos mismas fuerzas son también figuradas de una manera diferente, aunque equivalente en el fondo, en otros símbolos tradicionales, concretamente por dos líneas helicoidales que se enrollan en sentido inverso la una de la otra alrededor de un eje vertical, como se ve por ejemplo en algunas formas del *Brahma-danda* o bastón brahmánico, que es una imagen del "Eje del Mundo", y donde este doble enrollamiento es puesto en relación precisamente con las dos orientaciones contrarias del *swastika*; en el ser humano, estas dos líneas son las dos *nâdîs* o corrientes sutiles de la derecha y de la izquierda, o positiva y negativa (*idâ* y *pingalâ*)[73]. Otra figuración idéntica es la de las dos serpientes del caduceo, que se vincula por otra parte al simbolismo general de la serpiente bajo sus dos aspectos opuestos[74]; y, a este respecto, la doble espiral puede

---

[72] Aquellos que se complacen en buscar puntos de comparación con las ciencias profanas podrían, por una aplicación de orden "microcósmico", aproximar estas figuraciones al fenómeno de la "cariocinesis", punto de partida de la división celular; pero entiéndase bien que, por nuestra parte, no atribuimos a todas las aproximaciones de este género más que una importancia muy relativa.

[73] Ver *El Hombre y su devenir según el Vêdânta*, cap. XX. — El "Eje del Mundo" y el eje del ser humano (representado corporalmente por la columna vertebral) son igualmente designados uno y otro, en razón de su correspondencia analógica, por el término *Mêru-danda*.

[74] Ver *El Reino de la Cantidad y los Signos de los Tiempos*, cap. XXX.

considerarse también como figurando una serpiente enrollada sobre sí misma en dos sentidos contrarios: esta serpiente es entonces una "anfibena"[75], cuyas dos cabezas corresponden a los dos polos, y que equivale, ella sola, al conjunto de las dos serpientes opuestas del caduceo[76].

Esto no nos aleja en nada de la consideración del "Huevo del Mundo", ya que éste, en las diferentes tradiciones, se encuentra relacionado frecuentemente con el simbolismo de la serpiente; se podrá recordar aquí el *Kneph* egipcio, representado bajo la forma de una serpiente que produce el huevo por su boca (imagen de la producción de la manifestación por el Verbo)[77], y también, bien entendido, el símbolo druídico del "huevo de serpiente"[78]. Por otra parte, la serpiente se representa frecuentemente como habitando las aguas, así como se ve concretamente para los *Nâgas* en la tradición hindú, y es también sobre estas mismas aguas donde flota el "Huevo del Mundo"; ahora bien, las aguas son el

---

[75] Ver *El Rey del Mundo*, cap. III.

[76] Para explicar la formación del caduceo, se dice que Mercurio vio dos serpientes que se batían (figura del caos), y que él las separó (distinción de los contrarios) con una vara (determinación de un eje según el cual se ordenará el caos para devenir el Cosmos), alrededor de la cual ellas se enrollaron (equilibrio de las dos fuerzas contrarias, que actúan simétricamente en relación al "Eje del Mundo"). Es menester precisar también que el caduceo (*kêrukeion*, insignia de los heraldos) es considerado como el atributo característico de dos funciones complementarias de Mercurio o Hermes: por una parte, la de intérprete o de mensajero de los Dioses, y, por otra, la de "psicopompo", que conduce a los seres a través de sus cambios de estado, o en los pasos de un ciclo de existencia a otro; estas dos funciones corresponden en efecto respectivamente a los dos sentidos descendente y ascendente de las corrientes representadas por las dos serpientes.

[77] Ver *Apercepciones sobre la Iniciación*, cap. XLVII.

[78] Se sabe que éste era representado, de hecho, por el erizo fósil.

símbolo de las posibilidades, y el desarrollo de éstas es figurado por la espiral, de aquí la asociación estrecha que existe a veces entre esta última y el simbolismo de las aguas[79].

Si el "Huevo del Mundo" es así, en algunos casos, un "huevo de serpiente", es también en otras partes un "huevo de cisne"[80]; aquí queremos hacer alusión sobre todo al simbolismo de *Hamsa*, el vehículo de *Brahmâ* en la tradición hindú[81]. Ahora bien, ocurre frecuentemente, y en particular en las figuraciones etruscas, que la doble espiral está coronada de un pájaro; éste es evidentemente el mismo que *Hamsa*, el cisne que cubre el *Brahmânda* sobre las Aguas primordiales, y que se identifica por lo demás al "espíritu" o "soplo divino" (ya que *Hamsa* es también el "soplo") que, según el comienzo del Génesis hebraico, "se cernía sobre la faz de las Aguas". Lo que no es menos destacable todavía, es que, entre los Griegos, del huevo de Leda, engendrado por Zeus bajo la forma de un cisne, salen los Dioscuros, Castor y Pollux, que están en correspondencia simbólica con los dos hemisferios, y por ello con las dos espirales que venimos considerando al presente, y

---

[79] Estas asociación ha sido señalada por A. K. Coomaraswamy en su estudio *Angel and Titan* (sobre las relaciones de los *Dêvâs* y de los *Asuras*). — En el arte chino, la forma de la espiral aparece concretamente en la figuración del "doble caos", de las aguas superiores e inferiores (es decir, de las posibilidades informales y formales), frecuentemente en relación con el simbolismo del Dragón (ver *Los Estados múltiples del Ser*, cap. XII).

[80] El cisne recuerda a la serpiente por la forma de su cuello; así pues, bajo algunos aspectos, es como una combinación de los dos símbolos del pájaro y de la serpiente que aparecen frecuentemente como opuestos o como complementarios.

[81] Por otra parte, se sabe que, en lo que concierne a las demás tradiciones, el simbolismo del cisne estaba ligado concretamente al simbolismo del Apolo hyperbóreo.

que, por consiguiente, representan su diferenciación en este "huevo de cisne", es decir, en suma la división del "Huevo del Mundo" en sus dos mitades superior e inferior[82]. Por lo demás, no podemos extendernos más aquí sobre el simbolismo de los Dioscuros, que a decir verdad es muy complejo, como el de todas las parejas similares formadas de un mortal y de un inmortal, frecuentemente representados el uno blanco y el otro negro[83], como los dos hemisferios de los que uno está iluminado mientras que el otro está en la obscuridad. Diremos solo que este simbolismo, en el fondo, se acerca mucho al de los *Dêvas* y de los *Asuras*[84], cuya oposición está igualmente en relación con la doble significación de la serpiente, según se mueva en una dirección ascendente o descendente alrededor de un eje vertical, o todavía se enrolle o se desenrolle sobre este mismo eje, como en la figura de la doble espiral[85].

En los símbolos antiguos, esta doble espiral es reemplazada a veces por dos conjuntos de círculos concéntricos, trazados alrededor de dos puntos que representan también los polos:

---

[82] Para precisar esta significación, los Dioscuros son figurados con gorros de forma hemisférica.

[83] Es concretamente la significación de los nombre de *Arjuna* y de *Krishna*, que representan respectivamente a *jîvâtmâ* y a *Paramâtmâ*, o el "yo" y el "Sí mismo", la individualidad y la Personalidad, y que, como tales, pueden ser puestos en relación el uno con la Tierra y el otro con el Cielo.

[84] Se podrá aproximar esto a lo que hemos indicado en una nota precedente a propósito del encadenamiento de los ciclos.

[85] Cf. el estudio de A. K. Coomaraswamy citado más atrás. — En el simbolismo bien conocido del "batimiento del mar", los *Dêvas* y los *Asuras* tiran en sentidos contrarios de la serpiente enrollada alrededor de la montaña que representa el "Eje del Mundo".

éstos son, al menos en una de sus significaciones más generales, los círculos celestes e infernales, de los que los segundos son como un reflejo inverso de los primeros[86], y a los que corresponden precisamente los *Dêvas* y los *Asuras*. En otros términos, son los estados superiores e inferiores en relación al estado humano, o también los ciclos consecuentes y antecedentes en relación al ciclo actual (lo que no es en suma más que otra manera de expresar la misma cosa, al hacer intervenir en ella un simbolismo "sucesivo"); y esto corrobora también la significación del *yin-yang* considerado como proyección plana de la hélice representativa de los estados múltiples de la Existencia universal[87]. Los dos símbolos son equivalentes, y uno puede ser considerado como una simple modificación del otro; pero la doble espiral indica además la continuidad entre los ciclos; se podría decir también que representa las cosas bajo un aspecto "dinámico", mientras que los círculos concéntricos las representan bajo un aspecto más bien "estático"[88].

Al hablar aquí de aspecto "dinámico", pensamos naturalmente todavía en la acción de la doble fuerza cósmica,

---

[86] Ya hemos señalado esta relación en el *Esoterismo de Dante*.

[87] Ver *El Simbolismo de la Cruz*, cap. XXII.

[88] Bien entendido, eso no impide que el círculo represente por sí mismo un aspecto "dinámico" relativamente al cuadrado, así como lo hemos dicho más atrás; la consideración de los dos puntos de vista "dinámico" y "estático" implica siempre, por su correlación misma, una cuestión de relaciones. — Si, en lugar de considerar el conjunto de la manifestación universal, uno se limitara a un mundo, es decir, al estado que corresponde al plano de la figura supuesta horizontal, las dos mitades de éste representarían respectivamente, en todos los casos, el reflejo de los estados superiores y la huella de los estados inferiores en ese mundo, así como ya lo hemos indicado precedentemente a propósito del *yin-yang*.

y más especialmente en su relación con las fases inversas y complementarias de toda manifestación, fases que son debidas, según la tradición extremo oriental, a la predominancia alternante del *yin* y del *yang*: "evolución" o desarrollo, o despliegue[89], e "involución" o enrollamiento, o repliegue, o también "catabasis" o marcha descendente y "anabasis" o marcha ascendente, salida a lo manifestado y vuelta a lo no manifestado[90]. La doble "espiración" (y se observará el parentesco muy significativo que existe entre la designación misma de la espiral y la del "spiritus" o "soplo" del que hemos hablado más atrás en conexión con *Hamsa*), es el "expir" y el "aspir" universales, por los que son producidos, según el lenguaje taoísta, las "condensaciones" y las "disipaciones" que resultan de la acción alternada de los dos principios *yin* y *yang*, o, según la terminología hermética, las "coagulaciones" y las "soluciones": para los seres individuales, son los nacimientos y las muertes, lo que Aristóteles llama *genesis* y *phthora* "generación" y

---

[89] Bien entendido, no tomamos la palabra "evolución" más que en su sentido estrictamente etimológico, sentido que nada tiene en común con el empleo que se hace de ella en las teorías "progresistas" modernas.

[90] Es curioso al menos que Léon Daudet haya tomado el símbolo de la doble espiral para "esquema del ambiente" (*Courriers des Pays-Bas*: ver la figura en *Les Horreurs de la Guerre*, y las consideraciones sobre el "ambiente" en *Melancholia*): el autor considera a uno de los polos como "punto de partida" y al otro como "punto de llegada", de suerte que el recorrido de la espiral debe ser considerado como centrífugo por un lado y como centrípeto por el otro, lo que corresponde bien a las dos fases "evolutiva" e "involutiva"; y lo que él llama "ambiente" no es otra cosa en el fondo que la "luz astral" de Paracelso, que conlleva precisamente el conjunto de las dos corrientes inversas de la fuerza cósmica que consideramos aquí.

"corrupción"; para los mundos, es lo que la tradición hindú designa como los días y las noches de *Brahmâ*, como el *Kalpa* y el *Pralaya*; y, a todos los grados, tanto en el orden "macrocósmico" como en el orden "microcósmico", se encuentran fases correspondientes en todo ciclo de existencia, puesto que son la expresión misma de la ley que rige todo el conjunto de la manifestación universal.

Capítulo VI

"Solve" y "Coagula"

Puesto que acabamos de hacer alusión a la "coagulación" y a la "solución" herméticas, y aunque ya hemos hablado algo de ellas en diversas ocasiones, no será quizás inútil precisar todavía, sobre este punto, algunas nociones que tienen una relación bastante directa con lo que hemos expuesto hasta aquí. En efecto, la fórmula *solve* y *coagula* se considera como conteniendo de una cierta manera todo el secreto de la "Gran Obra", en tanto que ésta reproduce el proceso de la manifestación universal, con esas dos fases inversas que hemos indicado hace un momento. El término *solve* se representa a veces por un signo que muestra el Cielo, y el término *coagula* por un signo que muestra la Tierra[91]; es decir, que se asimilan a las acciones de la corriente ascendente y de la corriente descendente de la fuerza cósmica, o en otros términos, a las acciones respectivas del *yang* y del *yin*. Toda fuerza de expansión es *yang* y toda

---

[91] Aquí hacemos alusión concretamente al simbolismo de los signos del grado 18º de la Masonería escocesa, y también al simbolismo del rito de la "pipa" en los Indios de América del Norte, que implica tres movimientos sucesivos que se refieren respectivamente al Cielo, a la Tierra y al Hombre, y que pueden traducirse por "solución", "coagulación", y "asimilación".

fuerza de contracción es *yin*; las "condensaciones", que dan nacimiento a los compuestos individuales, proceden pues de las influencias terrestres, y las "disipaciones", que reducen los elementos de estos compuestos a sus principios originales, proceden de las influencias celestes; son, si se quiere, los efectos de las atracciones respectivas del Cielo y de la Tierra; y es así como "los diez mil seres son modificados por *yin* y *yang*", desde su aparición en el mundo manifestado hasta su retorno a lo no manifestado.

Por lo demás, es menester prestar atención al hecho de que el orden de los dos términos depende del punto de vista en el que uno se coloque, ya que, en realidad, las dos fases complementarias a las que corresponden son a la vez alternas y simultáneas, y el orden en el que se presenten depende en cierto modo del estado que se tome como punto de partida. Si se parte del estado de no manifestación para pasar a lo manifestado (lo que es el punto de vista que se puede decir propiamente "cosmogónico")[92], es la "condensación" o la "coagulación" la que se presentará naturalmente en primer lugar; la "disipación" o la "solución" vendrá después, como movimiento de retorno hacia lo no manifestado, o al menos hacia lo que, en un nivel cualquiera, corresponde a lo no manifestado en un sentido relativo[93]. Si al contrario se

---

[92] El orden de sucesión de las dos fases desde este punto de vista muestra también por qué el *yin* está aquí antes que el *yang*.
[93] Esto encuentra numerosas aplicaciones en el dominio de las ciencias tradicionales; una de las más inferiores entre estas aplicaciones es la que se refiere a la "llamada" y a la "devolución" de las "influencias errantes" al comienzo y al fin de una operación mágica.

partiera de un estado dado de manifestación, se debería considerar primero una tendencia que desemboque en la "solución" de lo que se encuentra en ese estado; y entonces una fase ulterior de "coagulación" sería el retorno a otro estado de manifestación; por lo demás, es menester agregar que esta "solución" y "coagulación", en relación al estado antecedente y al estado consecuente respectivamente, pueden ser perfectamente simultáneas en realidad[94].

Por otra parte, y esto es todavía más importante, las cosas se representan en sentido inverso según se consideren desde el punto de vista del Principio o al contrario, como acabamos de hacerlo, desde el punto de vista de la manifestación, de tal suerte que, se podría decir, que lo que es *yin* por un lado es *yang* por el otro e inversamente, aunque no sea más que por una manera de hablar bastante impropia por lo que se puede referir al Principio mismo una dualidad como la del *yin* y del *yang*. En efecto, como ya lo hemos indicado en otra parte[95], es el "expir" o el movimiento de expansión principial el que determina la "coagulación" de lo manifestado, y el "aspir" o el movimiento de contracción principial el que determina su "solución"; y sería exactamente lo mismo, si, en lugar de emplear el simbolismo de las dos fases de la respiración, se empleara el simbolismo del doble movimiento del corazón.

Por lo demás, se puede evitar la impropiedad del lenguaje que señalábamos hace un instante por medio de una precisión

---

[94] Es la "muerte" a un estado y el "nacimiento" a otro, considerados como las dos caras opuestas e inseparables de una misma modificación del ser (ver *El Simbolismo de la Cruz*, cap. XXII, y *Apercepciones sobre la Iniciación*, cap. XXVI).
[95] *Apercepciones sobre la Iniciación*, cap. XLVII.

bastante simple: el Cielo, en tanto que polo "positivo" de la manifestación, representa de una manera directa al Principio en relación a ésta[96], mientras que la Tierra, en tanto que polo "negativo", no puede presentar de él más que una imagen invertida. Así pues, la "perspectiva" de la manifestación referirá bastante naturalmente al Principio mismo lo que pertenece realmente al Cielo, y es así como el "movimiento" del Cielo (movimiento en el sentido puramente simbólico, bien entendido, puesto que ahí no hay nada de espacial) será atribuido de una cierta manera al Principio, aunque éste sea necesariamente inmutable. Lo que es más exacto en el fondo, es hablar, como lo hacíamos un poco más atrás, de las atracciones respectivas del Cielo y de la Tierra, que se ejercen en sentido inverso la una de la otra: toda atracción produce un movimiento centrípeto, y por consiguiente una "condensación", a la cual corresponderá, en el polo opuesto, una "disipación" determinada por un movimiento centrífugo, para restablecer o más bien mantener el equilibrio total[97]. Resulta de ahí que lo que es "condensación" bajo la relación de la substancia es al contrario una "disipación" bajo la relación de la esencia, y que, inversamente, lo que es "disipación" bajo la relación de la substancia es una "condensación" bajo la relación de la esencia; por consiguiente, toda "transmutación", en el sentido hermético

---

[96] Por esto es por lo que *Tai-ki*, aunque es superior tanto al Cielo como a la Tierra y anterior a su distinción, aparece no obstante para nosotros como el "techo del Cielo".

[97] Esto se podrá aproximar a las consideraciones que hemos expuesto en *Los Principios del Cálculo infinitesimal*, cap. XVII.

de este término, consistirá propiamente en "disolver" lo que estaba "coagulado" y, simultáneamente, en "coagular" lo que estaba "disuelto", y estas dos operaciones aparentemente inversas no son en realidad más que los dos aspectos complementarios de una sola y misma operación.

Es por eso por lo que los alquimistas dicen frecuentemente que la "disolución del cuerpo es la fijación del espíritu" e inversamente, donde espíritu y cuerpo no son en suma otra cosa que el aspecto "esencial" y el aspecto "substancial" del ser; esto puede entenderse de la alternancia de las "vidas" y de las "muertes", en el sentido más general de estas palabras, puesto que eso es lo que corresponde propiamente a las "condensaciones" y a las "disipaciones" de la tradición taoísta[98], de suerte que, se podría decir, el estado que es vida para los cuerpos es muerte para el espíritu e inversamente; y es por eso por lo que "volatilizar (o disolver) lo fijo y fijar (o coagular) lo volátil" o "espiritualizar el cuerpo y corporificar el espíritu[99]", se dice también "sacar lo vivo de lo muerto y lo muerto de lo vivo", lo que, por lo demás, es así mismo una expresión coránica[100]. Así pues, la "transmutación" implica, a

---

[98] Según los comentadores del *Tao-te-king*, esta alternancia de los estados de vida y de muerte es "el vaivén de la lanzadera en el telar cósmico"; cf. *El Simbolismo de la Cruz*, cap. XIV, donde hemos señalado igualmente las demás comparaciones de los mismos comentadores con la respiración y con la revolución lunar.

[99] Se dice también en el mismo sentido "volver lo manifiesto oculto y lo oculto manifiesto".

[100] *Qorân*, VI, 95; sobre la alternancia de las vidas y de las muertes y el retorno al Principio, cf. cap. II, 28.

un grado o a otro[101], una suerte de inversión de las relaciones ordinarias (queremos decir tal como se consideran desde el punto de vista del hombre ordinario), inversión que, por lo demás, es más bien, en realidad, un restablecimiento de las relaciones normales; nos limitaremos a señalar aquí que la consideración de una tal "inversión" es particularmente importante desde el punto de vista de la realización iniciática, sin poder insistir más en ello, ya que para eso serían menester desarrollos que no podrían entrar en el cuadro del presente estudio[102].

Por otra parte, esta doble operación de "coagulación" y de "solución" corresponde muy exactamente a lo que la tradición cristiana designa como el "poder de las llaves"; en efecto, este poder es doble también, puesto que conlleva a la vez el poder de "atar" y el poder de "desatar"; ahora bien "-atar" es evidentemente la misma cosa que "coagular", y "desatar" es la misma cosa que "disolver"[103]; y la comparación

---

[101] Para comprender las razones de esta restricción, uno no tendrá más que remitirse a lo que hemos explicado en nuestro *Apercepciones sobre la Iniciación*, cap. XLII.

[102] En el grado más elevado, esta "inversión" queda en estrecha relación con lo que el simbolismo cabalístico designa como el "desplazamiento de las luces", y también con esta palabra que la tradición islámica pone en boca de los *awliyâ*: "Nuestros cuerpos son nuestros espíritus, y nuestros espíritus son nuestros cuerpos" (*ajsâmnâ arwâhnâ, wa arwâhna ajsâmnâ*). — Por otra parte, en virtud de esta misma "inversión", se puede decir que, en el orden espiritual, es lo "interior" lo que envuelve a lo "exterior", lo que acaba de justificar lo que hemos dicho precedentemente sobre el tema de las relaciones del Cielo y de la Tierra.

[103] Por lo demás, en latín se dice *potestas ligandi et solvendi*; la "ligadura", en el sentido literal, se encuentra en el uso mágico de los nudos, que tiene por contrapartida el de los clavos en lo que concierne a la "disolución".

de diferentes símbolos tradicionales confirma también esta correspondencia de una manera tan clara como es posible. Se sabe que la figuración más habitual del poder de que se trata es la de las dos llaves, una de oro y la otra de plata, que se refieren respectivamente a la autoridad espiritual y al poder temporal, o a la función sacerdotal y a la función real, y también, desde el punto de vista iniciático, a los "misterios mayores" y a los "misterios menores" (y es a este último respecto como eran, entre los antiguos Romanos, uno de los atributos de Jano)[104]; alquímicamente, se refieren a operaciones análogas efectuadas en dos grados diferentes, grados que constituyen respectivamente la "obra al blanco", que corresponde a los "misterios menores", y la "obra al rojo", que corresponde a los "misterios mayores"; estas dos llaves, que son, según el lenguaje de Dante, la del "Paraíso celeste" y la del "Paraíso terrestre", están cruzadas de manera que recuerdan la forma del *swastika*. En parecido caso, cada una de las dos llaves debe ser considerada como teniendo, en el orden al que se refiere, el doble poder de "abrir" y de "cerrar", o de "atar" y de "desatar"[105]; pero existe también

---

[104] Ver *Autoridad espiritual y poder temporal*, cap. V y VIII, y también, sobre la relación de los "misterios mayores" y de los "misterios menores" con la "iniciación sacerdotal" y la "iniciación real" respectivamente, ver *Apercepciones sobre la Iniciación*, cap. XXXIX y XL.

[105] Se puede decir no obstante, en un cierto sentido, que el poder de "atar" prevalece en la llave que corresponde a lo temporal, y que el poder de "desatar" prevalece en la llave que corresponde a lo espiritual, ya que lo temporal y lo espiritual son *yin* y *yang* el uno en relación al otro; esto podría justificarse, incluso exteriormente, hablando de "constricción" en el primer caso y de "libertad" en el segundo.

otra figuración más completa, donde, para cada uno de los dos órdenes, los dos poderes inversos están representados distintamente por dos llaves opuestas la una a la otra. Esta figuración es la del *swastika* llamado "clavijero", precisamente porque cada uno de sus cuatro brazos está formado por una llave (Fig. 12)[106]; se tienen así dos llaves opuestas según un eje vertical y otras dos según un eje horizontal[107]; en relación al ciclo anual, del que se conoce la estrecha relación que tiene con el simbolismo de Jano, el primero de estos dos ejes es un eje solsticial y el segundo un eje equinoccial[108]; aquí, el eje vertical o solsticial se refiere a la función sacerdotal, y el eje horizontal o equinoccial a la función real[109].

---

[106] Existen diversas variantes de esta figura; la forma que reproducimos aquí se encuentra concretamente, al lado del *swastika* ordinario, sobre un vaso etrusco del Museo del Louvre. — Ver una figuración cristiana similar al *swastika* clavijero en la introducción de Mgr Devoucoux a la *Histoire de l'antique cité d'Autun* del canónigo Edme Thomas, p. XLVI.

[107] Sería menester, en todo rigor, decir un eje relativamente vertical y un eje relativamente horizontal el uno en relación al otro, puesto que el *swastika* debe considerarse como trazado en un plazo horizontal (ver *El Simbolismo de la Cruz*, cap. X). — La llave es un símbolo esencialmente "axial", de igual modo que el bastón y el cetro, que, en algunas figuraciones de Jano, reemplaza a la que corresponde al poder temporal o a los "misterios menores".

[108] En las figuraciones más habituales de Jano (*Janus Bifrons*), los dos rostros, entre otras significaciones, corresponden a los dos solsticios; pero existen también, aunque más raramente, figuraciones de Jano con cuatro rostros (*Janus Quadrifons*), que corresponden a los dos solsticios y a los dos equinoccios, y que presentan una semejanza bastante singular con el *Brahmâ Chaturmukha* de la tradición hindú.

[109] Haremos observar de pasada que se podrían sacar de aquí algunas consecuencias en lo que concierne a la significación de la predominancia atribuida en algunas formas tradicionales a los solsticios y a los equinoccios en otras,

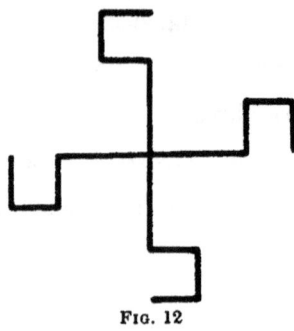

Fig. 12

La relación de este símbolo con el de la doble espiral está establecida por la existencia de otra forma del *swastika*, que es una forma de brazos curvos, que tienen la apariencia de dos S cruzadas; la doble espiral puede identificarse naturalmente, ya sea a la parte vertical de este *swatika*, o ya sea a su parte horizontal. Es cierto que lo más frecuentemente la doble espiral está colocada horizontalmente a fin de poner en evidencia el carácter complementario y en cierto modo simétrico de las dos corrientes de la fuerza cósmica[110]; pero, por otra parte, la curva que es su equivalente en el *yin-yang* está al contrario, en general, colocada verticalmente; así pues, según los casos, se podrá considerar preferentemente una u otra de estas dos posiciones, que se encuentran reunidas en la figura del *swastika* de brazos curvos, y que corresponden

---

concretamente para la fijación del comienzo del año; diremos solo que el punto de vista solsticial tiene en todo caso un carácter más "primordial" que el punto de vista equinoccial.

[110] Esta simetría es particularmente manifiesta también en el caso de las dos serpientes del caduceo.

entonces respectivamente a los dos dominios en los que se ejerce el "poder de las llaves"[111].

A este mismo "poder de las llaves" corresponde también, en las tradiciones hindú y tibetana, el doble poder del *vajra*[112]; este símbolo es, como se sabe, el del rayo[113], y sus dos extremidades, formadas de puntas en forma de llama, corresponden a los dos aspectos opuestos del poder representados por el rayo: generación y destrucción, vida y muerte[114]. Si se aproxima el *vajra* al "Eje del Mundo", estas dos extremidades corresponden a los dos polos, así como a

---

[111] La medicina, que dependía en los antiguos del "arte sacerdotal", corresponde por eso a una posición vertical de la doble espiral, en tanto que pone en acción, como lo hemos indicado más atrás, las fuerzas respectivas del *yang* y del *yin*. Esta doble espiral vertical es representada por la serpiente enrollada en S alrededor del bastón de Esculapio, y que por lo demás, en este caso, es figurada solo para expresar que la medicina no pone en obra más que el aspecto "benéfico" de la fuerza cósmica. — Hay que precisar que el término de "espagírica", que designa la medicina hermética, expresa formalmente, por su composición, la doble operación de "solución" y de "coagulación"; el ejercicio de la medicina tradicional es pues propiamente, en un orden particular, una aplicación del "poder de las llaves".

[112] *Vajra* es la palabrea sánscrita; la forma tibetana es *dorje*.

[113] Es a la vez "rayo" y "diamante", por una doble acepción de la misma palabra, y, en la una y la otra de estas dos significaciones, es también un símbolo "axial".

[114] Es lo que figuran también algunas armas de doble corte, concretamente, en el simbolismo de la Grecia arcaica, el doble hacha, cuya significación puede ser aproximada a la del caduceo. — Por otra parte, el rayo era representado en la tradición escandinava por el martillo de Thor, al que se puede asimilar el mazo del Maestro en el simbolismo masónico; así pues, éste es también un equivalente del *vajra*, y, como él, tiene el doble poder de dar la vida y la muerte, así como lo muestra su papel en la consagración iniciática por una parte y en la leyenda de Hiram por otra.

los solsticios[115]; así pues, debe ser colocado verticalmente, lo que concuerda por lo demás con su carácter de símbolo masculino[116], así como con el hecho de que es esencialmente un atributo sacerdotal[117]. Puesto así en la posición vertical, el *vajra* representa la "Vía del Medio" (que es también, como se verá más adelante, la "Vía del Cielo"); pero también puede estar inclinado de un lado o de otro, y entonces estas dos posiciones corresponden a las "vías" tántricas de derecha y de izquierda (*dakshina-mârga* y *vâma-mârga*), pudiendo esta derecha y esta izquierda, por otra parte, ser puestas en relación con los puntos equinocciales, de igual modo en que lo alto y lo bajo lo están con los puntos solsticiales[118]; evidentemente habría mucho que decir sobre todo esto, pero, para no alejarnos mucho de nuestro tema, nos contentaremos aquí con estas pocas indicaciones; y concluiremos lo expuesto diciendo que el poder del *vajra*, o el "poder de las llaves" que es idéntico en el fondo, al implicar el manejo y la puesta en

---

[115] Estos se asimilan en efecto, en la correspondencia espacial del ciclo anual, al Norte (invierno) y al Sur (verano), mientras que los dos equinoccios se asimilan al Este (primavera) y al Oeste (otoño); estas relaciones tienen concretamente una gran importancia, desde el punto de vista ritual, en la tradición extremo oriental.

[116] Su complementario femenino es, en la tradición hindú, la concha *shankha*, y, en la tradición tibetana, la campanilla ritual *dilbu*, sobre la que se ve frecuentemente una figura femenina que es la de la *Prâjnâ-pâramitâ* o "Sabiduría transcendente" de la que ella es el símbolo, mientras que el *vajra* es el símbolo del "Método" o de la "Vía".

[117] Los lamas tienen el *vajra* en la mano derecha y la campanilla en la mano izquierda; estos dos objetos rituales no deben estar separados nunca.

[118] Se encuentra a veces, en el simbolismo tibetano, una figura formada de dos *vajras* cruzados, que es evidentemente un equivalente del *swastika*; las cuatro puntas corresponden entonces exactamente a las cuatro llaves del *swastika* clavijero.

obra de las fuerzas cósmicas bajo su doble aspecto de *yin* y de *yang*, no es en definitiva nada más que el poder mismo de gobernar la vida y la muerte[119].

---

[119] En antiguos manuscritos provenientes de la Masonería operativa, se trata, sin más explicación, de una cierta *faculty of abrac*; esta palabra enigmática *abrac*, que ha dado lugar a diversas interpretaciones más o menos fantasiosas, y que es en todo caso una palabra manifiestamente deformada, parece deber significar en realidad el rayo o el relámpago (en hebreo *ha-baraq*, en árabe *el-barq*), de suerte que, ahí también, se trataría propiamente del poder del *vajra*. Se puede comprender fácilmente, por todo esto, en virtud de qué simbolismo el poder de provocar tormentas ha sido considerado frecuentemente, en los pueblos más diversos, como una suerte de consecuencia de la iniciación.

Capítulo VII

Cuestiones de orientación

En la época primordial, el hombre estaba, en sí mismo, perfectamente equilibrado en cuanto al complementarismo del *yin* y del *yang*; por otra parte, él era *yin* o pasivo sólo en relación al Principio, y *yang* o activo en relación al Cosmos o al conjunto de las cosas manifestadas; por consiguiente, se volvía naturalmente hacia el Norte, que es *yin*[120], como hacia su propio complementario. Al contrario, el hombre de las épocas ulteriores, a consecuencia de la degeneración espiritual que corresponde a la marcha descendente del ciclo, ha devenido *yin* en relación al Cosmos; así pues, debe volverse hacia el Sur, que es *yang*, para recibir de él las influencias del principio complementario del que ha devenido predominante en él, y para restablecer, en la medida de lo posible, el equilibrio entre el *yin* y el *yang*. La primera de estas dos orientaciones puede llamarse "polar", mientras que la segunda es propiamente "solar": en el primer caso, el hombre, mirando a la Estrella polar o al "techo del

---

[120] Por eso es por lo que, en el simbolismo masónico, se considera que la Logia no tiene ninguna ventana que abra al lado del Norte, de donde no viene nunca la luz solar, mientras que sí que las tiene sobre los otros tres lados, que corresponden a las tres "estaciones" del Sol.

Cielo", tiene el Este a su derecha y el Oeste a su izquierda; en el segundo caso, mirando al Sol en el meridiano, tiene al contrario el Este a su izquierda y el Oeste a su derecha; y esto da la explicación de una particularidad que, en la tradición extremo oriental, puede parecer bastante extraña a los que no conocen la razón de la misma[121].

En efecto, en China el lado al que se atribuye generalmente la preeminencia es la izquierda; decimos generalmente, ya que no fue constantemente así en todo el curso de la historia. En la época del historiador Sseu-ma-tsien, es decir, en el siglo II a. C., la derecha parece haber tenido al contrario preeminencia sobre la izquierda, al menos en lo que concierne a la jerarquía de las funciones oficiales[122]; parece que haya habido entonces, bajo esta relación al menos, como una suerte de tentativa de "retorno a los orígenes", que había debido corresponder sin duda a un cambio de dinastía, ya que tales cambios en el orden humano se ponen siempre tradicionalmente en correspondencia con ciertas modificaciones del orden cósmico mismo[123]. Pero, en una época más antigua, aunque ciertamente muy alejada ya de los

---

[121] En los mapas y en los planos chinos, el Sur estaba colocado arriba y el Norte abajo, el Este a la izquierda y el Oeste a la derecha, lo que es conforme a la segunda orientación; por lo demás, este uso no es tan excepcional como se podría creer, ya que existía también en los antiguos Romanos y subsistió incluso durante una parte de la edad media occidental.

[122] El "consejero de la derecha" (*iou-siang*) tenía entones un papel más importante que el "consejero de la izquierda" (*tso-siang*).

[123] La sucesión de las dinastías, por ejemplo, corresponde a una sucesión de los elementos en un cierto orden, puesto que los elementos mismos están en relación con las estaciones y con los puntos cardinales.

tiempos primordiales, es la izquierda la que predominaba como lo indica expresamente este pasaje de Lao-tseu: "En los asuntos favorables (o de buen augurio), se pone arriba la izquierda; en los asuntos funestos, se pone arriba la derecha"[124]. Hacia la misma época, se dice también: "La humanidad, es la derecha; la Vía, es la izquierda"[125], lo que implica manifiestamente una inferioridad de la derecha en relación a la izquierda; relativamente la una a la otra, la izquierda correspondía entonces al *yang* y la derecha al *yin*.

Ahora, que esto sea una consecuencia directa de la orientación tomada al volverse hacia el Sur, es lo que prueba un tratado atribuido a Kouan-tseu, que habría vivido en el siglo VII a. C., donde se dice: "La primavera hace nacer (los seres) a la izquierda, el otoño destruye a la derecha, el verano hace crecer delante, el invierno pone en reserva detrás". Ahora bien, según la correspondencia que se admite por todas partes entre las estaciones y los puntos cardinales, la primavera corresponde al Este y el otoño al Oeste, el verano al Sur y el invierno al Norte[126]; así pues, aquí es el Sur el que

---

[124] *Tao-te-king*, cap. XXXI.

[125] *Li-ki*.

[126] Esta correspondencia, que es estrictamente conforme a la naturaleza de las cosas, es común a todas las tradiciones; así pues, es incomprehensible que algunos modernos que se han ocupado del simbolismo la hayan sustituido frecuentemente por otras correspondencias fantasiosas y enteramente injustificables. Así, para dar un solo ejemplo de ello, la tabla cuaternaria colocada al final del *Livre de l'Apprenti* de Oswald Wirth hace corresponder bien el verano al Sur y el invierno al Norte, pero la primavera la hace corresponder al Occidente y el otoño al Oriente; y se encuentran ahí todavía otras correspondencias, concretamente en lo que concierne a las edades de la vida, que están embarulladas de una manera casi inextricable.

está delante y el Norte detrás, el Este el que está a la izquierda y el Oeste a la derecha[127]. Naturalmente, cuando se toma al contrario la orientación volviéndose hacia el Norte, la correspondencia de la izquierda y de la derecha se encuentra invertida, e igualmente la de delante y la de detrás; pero en definitiva, el lado que tiene la preeminencia, que sea la izquierda en un caso o la derecha en el otro, es siempre e invariablemente el lado del Este. Eso es lo que importa esencialmente, ya que con ello se ve que, en el fondo, la tradición extremo oriental está en perfecto acuerdo con todas las demás doctrinas tradicionales, en las que el Oriente siempre se considera efectivamente como el "lado luminoso" (*yang*) y el Occidente como el "lado obscuro" (*yin*) el uno en relación al otro; puesto que el cambio en las significaciones respectivas de la derecha y de la izquierda está condicionado por un cambio de orientación, es en suma perfectamente lógico y no implica absolutamente ninguna contradicción[128].

Por lo demás, estas cuestiones de orientación son muy complejas, ya que no solo es menester prestar mucha atención para no cometer ninguna confusión entre correspondencias

---

[127] Igualmente, se puede aproximar a esto este texto del *Yi-king*: "El Sabio tiene el rostro vuelto hacia el Sur y escucha el eco de lo que está bajo el Cielo (es decir, del Cosmos), lo ilumina y lo gobierna".

[128] Por lo demás, puede haber todavía otros modos de orientación además de los que acabamos de indicar, modos que conllevan naturalmente adaptaciones diferentes, pero que es siempre fácil hacer que concuerden entre ellas: así, en la India, si el lado de la derecha (*dakshina*) es el Sur, es porque la orientación se toma mirando al Sol en su salida, es decir, volviéndose hacia Oriente; pero, por lo demás, este modo actual de orientación no impide de ningún modo reconocer la primordialidad de la orientación "polar", es decir, tomada volviéndose hacia el Norte, que es designado como el punto más alto (*uttara*).

diferentes, sino que también puede ocurrir que, en una misma correspondencia, la derecha y la izquierda prevalezcan una y otra desde puntos de vista diferentes. Es lo que indica muy claramente un texto como éste: "La Vía del Cielo prefiere la derecha, el Sol y la Luna se desplazan hacia el Occidente; la Vía de la Tierra prefiere la izquierda, el curso del agua corre hacia el Oriente; igualmente se les dispone arriba (es decir, que uno y otro de ambos lados tienen títulos a la preeminencia)"[129]. Este pasaje es particularmente interesante, primero porque afirma, cualesquiera que sean las razones que da para ello y que deben tomarse más bien como simples "ilustraciones" sacadas de las apariencias sensibles, que la preeminencia de la derecha está asociada a la "Vía del Cielo" y la de la izquierda a la "Vía de la Tierra"; ahora bien, la primera es necesariamente superior a la segunda, y, se puede decir que es porque los hombres han perdido de vista la "Vía del Cielo" por lo que han llegado a conformarse a la "Vía de la Tierra", lo que marca bien la diferencia entre la época primordial y las épocas ulteriores de degeneración espiritual. Después, se puede ver ahí la indicación de una relación inversa entre el movimiento del Cielo y el movimiento de la Tierra[130], lo que está en rigurosa conformidad con la ley general de la analogía; y ello es siempre así cuando se está en presencia de dos términos que se oponen de tal manera que uno de ellos es como un reflejo del otro, reflejo que es inverso como la imagen de un objeto en un espejo lo es en relación a

---

[129] *Tcheou-li.*
[130] Recordaremos todavía que el "movimiento" no es aquí más que una representación simbólica.

ese objeto mismo, de suerte que la derecha de la imagen corresponde a la izquierda del objeto e inversamente[131].

Agregaremos a este propósito una precisión que, aunque parezca bastante simple en sí misma, no obstante está lejos de carecer de importancia: es que, concretamente cuando se trata de la derecha y de la izquierda, es menester tener siempre el mayor cuidado de precisar en relación a qué se consideran; así, cuando se habla de la derecha y de la izquierda de una figura simbólica, ¿se quiere entender realmente las de esa figura, o bien las de un espectador que la mira colocándose frente a ella? Los dos casos pueden presentarse de hecho: cuando se trata de una figura humana o de algún otro ser vivo, no hay apenas duda sobre lo que conviene llamar su derecha y su izquierda; pero ya no es lo mismo para otro objeto cualquiera, para una figura geométrica por ejemplo, o también para un monumento, y entonces, lo más ordinariamente, se toma la derecha y la izquierda colocándose en el punto de vista del espectador[132]; pero, no obstante, no es siempre forzosamente así, y puede ocurrir también que se atribuya a veces una derecha y una izquierda a la figura tomada en sí misma, lo que corresponde a un punto de vista

---

[131] Por lo demás, es lo mismo para dos personas colocadas una frente a otra, y es por eso por lo que se dice: "adorarás tu derecha, donde está la izquierda de tu hermano (el lado de su corazón)" (*Phan-khoa-Tu* citado por Matgioi, *La Voie rationnelle*, cap. VII).

[132] Es así que, en la figura del "árbol sephirótico" de la Kabbala, la "columna de la derecha" y la "columna de la izquierda" son las que uno tiene respectivamente a su derecha y a su izquierda al mirar la figura.

naturalmente inverso del punto de vista del espectador[133]; a falta de precisar de qué se trata en cada caso, uno puede ser llevado a cometer errores bastante graves a este respecto[134].

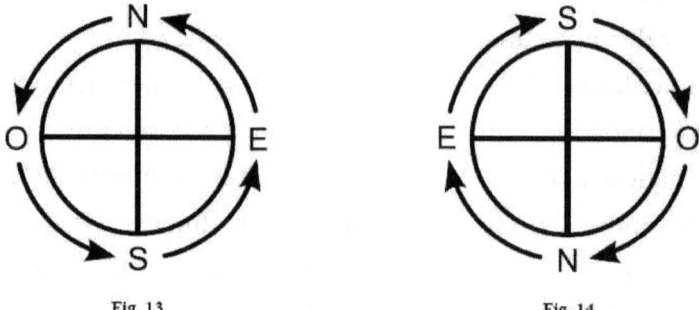

Fig. 13   Fig. 14

Otra cuestión conexa a la de la orientación es la del sentido de las "circumambulaciones" rituales en las diferentes formas tradicionales; es fácil darse cuenta de que este sentido se determina en efecto, ya sea por la orientación "polar" o ya sea por la orientación "solar", en la acepción que hemos dado más atrás a estas expresiones. Si se consideran las figuras aquí

---

[133] Por ejemplo, Plutarco cuenta que "los Egipcios consideran el Oriente como el rostro del mundo, el Norte como estando a la derecha y el Mediodía a la izquierda" (*Isis y Osiris*, 32; traducción de Mario Meunier, p. 112); a pesar de las apariencias, esto coincide exactamente con la designación hindú del Mediodía como el "lado de la derecha", ya que es fácil representarse el lado izquierdo del mundo como extendiéndose hacia la derecha de aquel que le contempla e inversamente.

[134] De ahí vienen, por ejemplo, en el simbolismo masónico, las divergencias que se han producido sobre el tema de la situación respectiva de las dos columnas colocadas a la entrada del Templo de Jerusalén; no obstante, la cuestión es fácil de resolver remitiéndose directamente a los textos bíblicos, a condición de saber que en hebreo, la "derecha" significa siempre el Sur y la "izquierda" el Norte, lo que implica que la orientación se toma, como en la India, volviéndose hacia el Este. Este mismo modo de orientación es igualmente el que, en Occidente, era practicado por los constructores de la edad media para determinar la orientación de las iglesias.

expuestas[135], el primer sentido es aquel en el que, mirando hacia el Norte, se ven girar las estrellas alrededor del polo (Fig. 13); por el contrario, el segundo sentido es aquel en el que se efectúa el movimiento aparente del Sol para un observador que mira hacia el Sur (Fig. 14). La circumambulación se cumple teniendo constantemente el centro a su izquierda en el primer caso, y al contrario a su derecha en el segundo (lo que se llama en sánscrito *pradakshinâ*); este último modo es el que está en uso, en particular, en la tradición hindú y tibetana, mientras que el otro se encuentra concretamente en la tradición islámica[136]. A esta diferencia de sentidos se vincula igualmente el hecho de avanzar el pie derecho o el pie izquierdo el primero en una marcha ritual: considerando todavía las mismas figuras se puede ver fácilmente que el pie que debe ser avanzado primero es forzosamente el del lado opuesto al lado que está vuelto hacia el centro de la circumambulación, es decir, el pie derecho en el primer caso (Fig. 13) y el pie izquierdo en el segundo (Fig. 14); y este orden de marcha se observa

---

[135] La cruz trazada en el círculo, y de la cual habremos de volver a hablar más adelante, marca aquí la dirección de los cuatro puntos cardinales; de conformidad a lo que hemos explicado, el Norte está situado en lo alto en la primera figura y el Sur lo está en la segunda.

[136] Quizás que no carezca de interés hacer observar que el sentido de estas circumambulaciones, que van respectivamente de derecha a izquierda (Fig. 13) y de izquierda a derecha (Fig. 14), corresponde igualmente a la dirección de la escritura en las lenguas sagradas de estas mismas formas tradicionales. — En la Masonería, bajo su forma actual, el sentido de las circumambulaciones es "solar" pero parece haber sido, al contrario, "polar" primeramente en el antiguo ritual operativo, según el cual el "trono de Salomón" estaba situado al Occidente y no al Oriente, para permitir a su ocupante "contemplar el Sol en su salida".

generalmente, incluso cuando no se trata de circumambulaciones hablando propiamente, como para marcar de alguna manera la predominancia respectiva del punto de vista "polar" o del punto de vista "solar", ya sea en una forma tradicional dada, o ya sea incluso a veces para períodos diferentes en el curso de la existencia de una misma tradición[137].

Así, todas estas cosas están lejos de reducirse a simples detalles más o menos insignificantes, como podrían creerlo aquellos que no comprenden nada del simbolismo ni de los ritos; antes al contrario, están ligadas a todo un conjunto de nociones que tienen una gran importancia en todas las tradiciones, y se podrían dar de ello otros muchos ejemplos. A propósito de la orientación, habría lugar a tratar también cuestiones como las de sus relaciones con el recorrido del ciclo anual[138] y con el simbolismo de las "puertas zodiacales"; por lo demás, se encontraría ahí la aplicación del sentido inverso, que señalábamos más atrás, en las relaciones entre el orden "celeste" y el orden "terrestre"; pero estas consideraciones constituirían aquí una digresión demasiado larga, y encontrarán sin duda mejor lugar en otros estudios[139].

---

[137] La interversión que se ha producido respecto a este orden de marcha en algunos Ritos masónicos es tanto más singular cuanto que está en desacuerdo manifiesto con el sentido de las circumambulaciones; las indicaciones que acabamos de dar proveen evidentemente la regla correcta a observar en todos los casos.

[138] Se encontrará un ejemplo de la representación de este recorrido por una circumambulación en las consideraciones relativas al *Ming-tang* que expondremos más adelante.

[139] Sobre el carácter cualitativo de las direcciones del espacio, que es el principio mismo sobre el que reposa la importancia tradicional de la orientación, y sobre

las relaciones que existen entre las determinaciones espaciales y temporales, uno podrá remitirse también a las explicaciones que hemos dado en *El Reino de la Cantidad y los Signos de los Tiempos*, cap. IV y V.

Capítulo VIII

NÚMEROS CELESTES Y NÚMEROS TERRESTRES

La dualidad del *yang* y del *yin* se encuentra también en lo que concierne a los números: según el *Yi-king*, los números impares corresponden al *yang*, es decir, son masculinos o activos, y los números pares corresponden al *yin*, es decir, son femeninos o pasivos. Por lo demás, aquí no hay nada que sea particular a la tradición extremo oriental, ya que esta correspondencia es conforme a lo que enseñan todas las doctrinas tradicionales; en Occidente, es conocida sobre todo por el Pitagorismo, y quizás incluso a algunos, que se imaginan que se trata de una concepción propia de éste, les sorprendería mucho saber que esta correspondencia se encuentra exactamente igual hasta en Extremo Oriente, sin que sea posible suponer en eso evidentemente la menor "apropiación" por un lado o por el otro, y simplemente porque se trata de una verdad que debe ser reconocida igualmente en todas partes donde existe la ciencia tradicional de los números.

Puesto que los números impares son *yang*, pueden llamarse "celestes", y puesto que los números pares son *yin*, pueden llamarse "terrestres"; pero además de esta consideración enteramente general, hay ciertos números que son atribuidos más especialmente al Cielo y a la Tierra, y esto requiere otras explicaciones. Primero, son sobre todo los primeros números impar y par respectivamente los que se consideran como los números propios del Cielo y de la Tierra, o como la expresión de su naturaleza misma, lo que se comprende sin esfuerzo, ya que, en razón de la primacía que tienen cada uno en su orden, todos los demás números son como derivados en cierto modo de ellos y no ocupan más que un rango secundario en relación a ellos en sus series respectivas; así pues, son éstos los que representan, se podría decir, el *yang* y el *yin* en el grado más alto, o, lo que equivale a lo mismo, los que expresan más puramente la naturaleza celeste y la naturaleza terrestre. Ahora bien, a lo que es menester prestar atención, es que aquí la unidad, al ser propiamente el principio del número, no se cuenta ella misma como un número; en realidad, lo que la unidad representa no puede ser sino anterior a la distinción del Cielo y de la Tierra, y ya hemos visto en efecto que corresponde al principio común de éstos, *Tai-ki*, el Ser que es idéntico a la Unidad metafísica misma. Así pues, mientras que 2 es el primero número par, es 3, y no 1, el que se considera como el primer número impar; por consiguiente, 2 es el número de la Tierra y 3 el número del Cielo; pero entonces, puesto que 2 es antes que 3 en la serie de los números, la Tierra parece estar antes que el Cielo, del mismo modo que el *yin* aparece antes que el *yang*; se encuentra así en esta correspondencia numérica otra expresión, equivalente en el fondo, del mismo punto de vista cosmológico de que hemos hablado más atrás a propósito del *yin* y del *yang*.

Lo que puede parecer más difícilmente explicable, es que hay otros números que se atribuyen también al Cielo y a la Tierra, y que, para éstos, se produce, en apariencia al menos, una suerte de intervención; en efecto, es entonces 5, número impar, el que se atribuye a la Tierra, y 6, número par, el que se atribuye al Cielo. Aquí también, se tienen dos términos consecutivos de la serie de los números, donde el primero en el orden de esta serie corresponde a la Tierra y el segundo al Cielo; pero, aparte de este carácter que es común a las dos parejas numéricas 2 y 3 por una parte, 5 y 6 por otra, ¿cómo es posible que un número impar o *yang* sea referido a la Tierra y que un número par o *yin* lo sea al Cielo? Se habla a este propósito, y en suma con razón, de un intercambio "hierogámico" entre los atributos de los dos principios complementarios[140]; por lo demás, en eso no se trata de un caso aislado o excepcional, y pueden señalarse muchos otros

---

[140] Marcel Granet, *La Pensée chinoise*, pp. 154-155 y 198-199. — Como ya lo hemos señalado en otra parte (*El Reino de la Cantidad y los Signos de los Tiempos*, cap. V), este libro contiene una multitud de reseñas muy interesantes, y el capítulo consagrado a los números es particularmente importante; solo es menester tener cuidado de no consultarle más que desde el punto de vista "documental" y de no tener en cuenta las interpretaciones "sociológicas" del autor, interpretaciones que invierten generalmente las relaciones reales de las cosas, ya que no es el orden cósmico el que ha sido concebido, como él lo imagina, sobre el modelo de las instituciones sociales, sino al contrario, son éstas las que han sido establecidas en correspondencia con el orden cósmico mismo.

ejemplos de ello en el simbolismo tradicional[141]. A decir verdad, sería menester incluso generalizar más, ya que no se puede hablar propiamente de "hierogamia" más que cuando los dos complementarios se consideran expresamente como masculino y femenino el uno en relación al otro, así como ocurre efectivamente aquí; pero se encuentra también algo semejante en casos donde el complementarismo reviste aspectos diferentes de éste, y ya lo hemos indicado en otra parte en lo que concierne al tiempo y al espacio y a los símbolos que se refieren a ellos respectivamente en las tradiciones de los pueblos nómadas y de los pueblos sedentarios[142]. Es evidente que, en este caso donde un término temporal y un término espacial son considerados como complementarios, no se puede asimilar la relación que existe entre estos dos términos a la de lo masculino y de lo femenino; no obstante, por ello no es menos verdad que este complementarismo, como cualquier otro, se vincula de una cierta manera al del Cielo y de la Tierra, ya que el tiempo es puesto en correspondencia con el Cielo por la noción de los ciclos, cuya base es esencialmente astronómica, y el espacio con la Tierra en tanto que, en el orden de las apariencias sensibles, la superficie terrestre representa propiamente la extensión mensurable. Ciertamente, sería menester no concluir de esta correspondencia que todos los complementarismos pueden reducirse a un tipo único, y por esto es por lo que sería erróneo hablar de "hierogamia" en un

---

[141] Encontraremos un tal ejemplo más adelante, y también en la tradición extremo oriental, al respecto de la escuadra y del compás.
[142] *El Reino de la Cantidad y los Signos de los Tiempos*, cap. XXI.

caso como el que acabamos de mencionar; lo que es menester decir, es solo que todos los complementarismos, de cualquier tipo que sean, tienen igualmente su principio en la primera de todas las dualidades, que es la de la Esencia y de la Substancia universales, o, según el lenguaje simbólico de la tradición extremo oriental, la del Cielo y de la Tierra.

Ahora, de lo que es menester darse cuenta bien para comprender exactamente la significación diferente de las dos parejas de números atribuidos al Cielo y a la Tierra, es de que un intercambio como éste de que acabamos de hablar no puede producirse más que cuando los dos términos complementarios son considerados en su relación entre ellos, o más especialmente como unidos el uno al otro si se trata de la "hierogamia" propiamente dicha, y no tomados en sí mismos y cada uno separadamente del otro. De eso resulta que, mientras que 2 y 3 son la Tierra y el Cielo en sí mismos y en su naturaleza propia, 5 y 6 son la Tierra y el Cielo en su acción y reacción recíproca, y por consiguiente desde el punto de vista de la manifestación que es el producto de esta acción y de esa reacción; por lo demás, es lo que expresa muy claramente un texto tal como éste: "5 y 6, es la unión central (*tchoung-ho*, es decir, la unión en su centro)[143] del Cielo y de la Tierra[144]". Es lo que aparece mejor todavía por la constitución misma de los números 5 y 6, que están formados igualmente de 2 y de 3, pero donde éstos están unidos entre sí de dos maneras diferentes, por adición para el primero (2

---

[143] Se recordará aquí lo que hemos indicado precedentemente, de que el Cielo y la Tierra no pueden unirse efectivamente más que por el centro.
[144] *Tsien-Han-chou*.

+ 3 = 5), y por multiplicación para el segundo (2 x 3 = 6); por otra parte, es por eso por lo que estos dos números 5 y 6, que nacen así de la unión del par y del impar, se consideran el uno y el otro muy generalmente, en el simbolismo de las diferentes tradiciones, como teniendo un carácter esencialmente "conjuntivo"[145]. Para llevar la explicación más lejos, es menester preguntarse también por qué hay adición en un caso, el de la Tierra considerada en su unión con el Cielo, y multiplicación en el otro caso, el del Cielo considerado inversamente en su unión con la Tierra: es que, aunque cada uno de estos dos principios recibe en esta unión la influencia del otro, que se conjunta de alguna manera a su naturaleza propia, la reciben no obstante de una manera diferente. Por la acción del Cielo sobre la Tierra, el número celeste 3 viene simplemente a agregarse al número terrestre 2, porque esta acción, al ser propiamente "no actuante", es lo que se puede llamar una "acción de presencia"; por la reacción de la Tierra al respecto del Cielo, el número terrestre 2 multiplica al número celeste 3, porque la potencialidad de la substancia es la raíz misma de la multiplicidad[146].

---

[145] Para los Pitagóricos, 5 era el número "nupcial", en tanto que suma del primer número par o femenino y del primer número impar o masculino; en cuanto al carácter "conjuntivo" del número 6, basta recordar a este respecto la significación de la letra *waw* en hebreo y en árabe, así como la figura del "sello de Salomón" que corresponde geométricamente a este número. — Sobre el simbolismo de estos números 5 y 6, ver también *El Simbolismo de la Cruz*, cap. XXVIII.

[146] De este modo mismo de formación de los dos números resulta naturalmente el intercambio del par y del impar, ya que la suma de un número par y de un número impar es forzosamente impar, mientras que el producto de un número par por un número impar es forzosamente par. — La suma de dos números no puede ser par más que si estos números son los dos pares o los dos impares; en cuanto al

También se puede decir que, mientras que 2 y 3 expresan la naturaleza misma de la Tierra y del Cielo, 5 y 6 expresan solo su "medida", lo que equivale a decir que es efectivamente desde el punto de vista de la manifestación, y ya no en sí mismos, como se consideran entonces; ya que, así como lo hemos explicado en otra parte[147], la noción misma de la medida está en relación directa con la manifestación. El Cielo y la Tierra en sí mismos no son en modo alguno mensurables, puesto que no pertenecen al dominio de la manifestación; aquello por lo cual se puede hablar de medida, son solo las determinaciones por las cuales aparecen a las miradas de los seres manifestados[148], y que son lo que se puede llamar las influencias celestes y las influencias terrestres, que se traducen por las acciones respectivas del *yang* y del *yin*. Para comprender de una manera más precisa cómo se aplica esta noción de medida, es menester volver aquí a la consideración de las formas geométricas que simbolizan a los dos principios, y que son, como lo hemos visto precedentemente, el círculo para el Cielo y el cuadrado para la Tierra[149]: las formas rectilíneas, de las que el cuadrado es el prototipo, son medidas

---

producto, para que sea impar, es menester que sus dos factores sean uno y otro impares.

[147] *El Reino de la Cantidad y los Signos de los Tiempos*, cap. III.

[148] Es menester entender estas "miradas" a la vez en el orden sensible y en el orden intelectual, según que se trate de las influencias terrestres, que están "en el exterior", o de las influencias celestes que están "en el interior", así como lo hemos explicado más atrás.

[149] Es aquí donde aparecen como instrumentos de la medida, desde el punto de vista "celeste" y desde el punto de vista "terrestre" respectivamente (es decir, bajo la relación de las influencias correspondientes), el compás y la escuadra de los cuales hablaremos más adelante.

por 5 y sus múltiplos, y, de igual modo, las formas circulares son medidas por 6 y sus múltiplos. Al hablar de los múltiplos de estos dos números, tenemos principalmente en vista los primeros de estos múltiplos, es decir, el doble del uno y del otro, o sea, respectivamente 10 y 12; en efecto, la medida natural de las líneas rectas se efectúa por una división decimal, y la de las líneas circulares por una división duodecimal; y se puede ver en eso la razón por la que estos dos números 10 y 12 se toman como base de los principales sistemas de numeración, sistemas que, por lo demás, a veces se emplean concurrentemente, como es precisamente el caso de China, porque tienen en realidad aplicaciones diferentes, de suerte que su coexistencia, en una misma forma tradicional, no tiene absolutamente nada de arbitrario ni de superfluo[150].

Para terminar estas precisiones, señalaremos todavía la importancia dada al número 11, en tanto que es la suma de 5 y de 6, lo que hace de él el símbolo de esta "unión central del Cielo y de la Tierra" de que hemos hablado más atrás, y, por

---

[150] Por lo demás, aquí también se produce un nuevo cambio, puesto que, en algunos casos, el número 10 es atribuido al Cielo y el número 12 a la Tierra, como para marcar una vez más su interdependencia en relación a la manifestación o al orden cósmico propiamente dicho, bajo la doble forma de las relaciones espaciales y temporales; pero no insistiremos más sobre este punto, que nos llevaría muy lejos de nuestro tema. Señalaremos solamente, como caso particular de este intercambio, que, en la tradición china, los días se cuentan por períodos decimales y los meses por períodos duodecimales; ahora bien, diez días son "diez soles", y doce meses son "doce lunas"; así pues, los números 10 y 12 son referidos respectivamente el primero al Sol que es *yang* o masculino, que corresponde al Cielo, al fuego y al Sur, y el segundo a la Luna, que es *yin* o femenina, y que corresponde a la Tierra, al agua y al Norte.

consiguiente, "el número por el cual se constituye en su perfección (*tcheng*)[151] la Vía del Cielo y de la Tierra"[152]. Esta importancia del número 11, así como la de sus múltiplos, es también un punto común a las doctrinas tradicionales más diversas, así como ya lo hemos indicado en otra ocasión[153], aunque, por razones que no aparecen muy claramente, pasa generalmente desapercibida para los modernos que pretenden estudiar el simbolismo de los números[154]. Estas consideraciones sobre los números podrían ser desarrolladas casi indefinidamente; pero, hasta aquí, todavía no hemos considerado más que lo que concierne al Cielo y a la Tierra, que son los dos primeros términos de la Gran Tríada, y es tiempo de pasar ahora a la consideración del tercer término de ésta, es decir, del Hombre.

---

[151] Este término *tcheng* es, en el *Yi-king*, el último de la fórmula tetragramática de Wen-wang (ver Matgioi, *La Voie métaphysique*, cap. V).

[152] *Tsien-Han-chou*.

[153] Ver *El Esoterismo de Dante*, cap. VII.

[154] En las tradiciones hermética y kabbalística, 11 es la síntesis del "microcosmo" y del "macrocosmo", representados respectivamente por los números 5 y 6, que corresponden también, en otra aplicación conexa a ésta, al hombre individual y al "Hombre Universal" (o al hombre terrestre y al Hombre celeste, se podría decir también para ligar esto a los datos de la tradición extremo oriental). — Puesto que hemos hablado de los números 10 y 12, anotaremos también la importancia que tiene, desde el punto de vista kabbalístico, su suma 22 (doble o primer múltiplo de 11), que es, como se sabe, el número de letras del alfabeto hebraico.

Capítulo IX

EL HIJO DEL CIELO Y DE LA TIERRA

"El Cielo es su padre, la Tierra es su madre": tal es la fórmula iniciática, siempre idéntica a sí misma en las circunstancias más diversas de tiempos y de lugares[155], que determina las relaciones del Hombre con los otros dos términos de la Gran Tríada, definiéndole como el "Hijo del Cielo y de la Tierra". Por lo demás, ya es manifiesto, por el hecho mismo de que se trata de una fórmula propiamente iniciática, que el ser al que se aplica en la plenitud de su sentido es mucho menos el hombre ordinario, tal como es en las condiciones actuales de nuestro mundo, que el "hombre verdadero" de quien el iniciado está llamado a realizar en sí mismo todas las posibilidades. No obstante, conviene insistir en ello un poco más, ya que se podría objetar a esto que, desde que la manifestación entera es y no puede ser más que el producto de la unión del Cielo y de la Tierra, todo hombre, e incluso todo ser, es igualmente y por eso

---

[155] Su rastro se encuentra incluso hasta en el ritual de una organización tan completamente desviada hacia la acción exterior como es el Carbonarismo; por lo demás, son tales vestigios, naturalmente incomprendidos en parecido caso, los que dan testimonio del origen realmente iniciático de organizaciones llegadas así a un grado de degeneración extremo (ver *Apercepciones sobre la Iniciación*, cap. XII).

mismo hijo del Cielo y de la Tierra, puesto que su naturaleza participa necesariamente del uno y de la otra; y esto es verdad en un cierto sentido, ya que hay efectivamente en todo ser una esencia y una substancia en la acepción relativa de estos dos términos, un aspecto *yang* y un aspecto *yin*, un lado "en acto" y un lado "en potencia", un "interior" y un "exterior". No obstante, hay grados que observar en esta participación, ya que, en los seres manifestados, las influencias celestes y terrestres pueden combinarse evidentemente de muchas maneras y en muchas proporciones diferentes, y, por lo demás, es eso lo que hace su diversidad indefinida; lo que todo ser es de una cierta manera y en un cierto grado, solo el Hombre, y con ello entendemos aquí el "hombre verdadero"[156], lo es plenamente y "por excelencia" en nuestro estado de existencia, y solo él es el que tiene, entre sus privilegios, el de poder reconocer efectivamente al Cielo como su "Verdadero Ancestro"[157].

Esto resulta, de una manera directa e inmediata, de la situación propiamente "central" que ocupa el hombre en este estado de existencia que es el suyo[158], o al menos, sería menester decir para ser más exacto, que debe ocupar en él en principio y normalmente, ya que es aquí donde hay lugar a precisar la diferencia entre el hombre ordinario y el "hombre

---

[156] No hablaremos al presente del "hombre transcendente", que nos reservamos considerar más adelante; es por eso por lo que aquí no puede tratarse todavía más que de nuestro estado de existencia, y no de la Existencia universal en su integralidad.

[157] Esta expresión de "Verdadero Ancestro" es una de las que se encuentran entre las designaciones de la *Tien-ti-houei*.

[158] Ver *El Simbolismo de la Cruz*, cap. II y XXVIII.

verdadero". Éste, que desde el punto de vista tradicional, es en efecto el único que debe ser considerado como el hombre realmente normal, se llama así porque posee verdaderamente la plenitud de la naturaleza humana, al haber desarrollado en él la integralidad de las posibilidades que están implícitas en ella; los demás hombres no tienen en suma, se podría decir, más que una potencialidad humana más o menos desarrollada en algunos de sus aspectos (y sobre todo, de una manera general, en el aspecto que corresponde a la simple modalidad corporal de la individualidad), pero en todo caso está muy lejos de estar enteramente "actualizada"; al predominar en ellos este carácter de potencialidad, les hace, en realidad, hijos de la Tierra mucho más que hijos del Cielo, y es eso también lo que les hace *yin* en relación al Cosmos. Para que el hombre sea verdaderamente el "Hijo del Cielo y de la Tierra", es menester que, en él, el "acto" sea igual a la "potencia", lo que implica la realización integral de su humanidad, es decir, la condición misma del "hombre verdadero"; por eso es por lo que éste está perfectamente equilibrado bajo la relación del *yang* y del *yin*, y es por eso también por lo que, al mismo tiempo, al tener la naturaleza celeste necesariamente la preeminencia sobre la naturaleza terrestre allí donde están realizadas en una igual medida, él es *yang* en relación al Cosmos; solo así puede desempeñar de una manera efectiva el papel "central" que le pertenece en tanto que hombre, pero a condición de ser en efecto hombre en la plenitud de la acepción de esta palabra, y solo así, al respecto de los demás seres manifestados, "él es la imagen del Verdadero Ancestro"[159].

Ahora, importa recordar que el "hombre verdadero" es también el "hombre primordial", es decir, que su condición es la que era natural a la humanidad en sus orígenes, condición de la que se ha alejado poco a poco, en el curso de su ciclo terrestre, para llegar hasta el estado donde está actualmente lo que hemos llamado el hombre ordinario, y que no es propiamente más que el hombre caído. Esta decadencia espiritual que entraña al mismo tiempo un desequilibrio bajo la relación del *yang* y del *yin*, puede describirse como un alejamiento gradual del centro donde se situaba el "hombre primordial"; un ser es tanto menos *yang* y tanto más *yin* cuanto más alejado está del centro, ya que, en la misma medida precisamente, lo "exterior" predomina en él sobre lo "interior"; y es por eso por lo que, así como lo decíamos hace un momento, entonces no es apenas más que un "hijo de la Tierra", que se distingue cada vez menos "en acto", si no "en potencia", de los seres no humanos que pertenecen al mismo grado de existencia. A estos seres, al contrario, el "hombre primordial", en lugar de situarse simplemente entre ellos, los

---

[159] *Tao-te-king*, cap. IV. — Es el hombre "hecho a imagen de Dios", o más exactamente de *Elohim*, es decir, de las potencias celestes, y que, por lo demás, no puede ser realmente tal más que si es el "Andrógino" constituido por el perfecto equilibrio del *yang* y del *yin*, según las palabras mismas del Génesis (1, 27): "*Elohim* creó al hombre a Su imagen (literalmente "Su sombra", es decir, Su reflejo); a imagen de *Elohim* Él lo creó; macho y hembra Él los creó", lo que se traduce en el esoterismo islámico por la equivalencia numérica de *Adam wa Hawâ* con *Allah* (cf. *EL Simbolismo de la Cruz*, cap. III).

sintetizaba a todos en su humanidad plenamente realizada[160]; debido a su "interioridad", que envolvía todo su estado de existencia como el Cielo envuelve a toda la manifestación (ya que es en realidad el centro el que contiene todo), los comprendía en cierto modo en sí mismo como posibilidades particulares inclusas en su propia naturaleza[161]; y es por eso por lo que el Hombre, como tercer término de la Gran Tríada, representa efectivamente el conjunto de todos los seres manifestados.

El "lugar" donde se sitúa este "hombre verdadero", es el punto central donde se unen efectivamente las potencias del Cielo y de la Tierra; así pues, por eso mismo, él es el producto directo y acabado de su unión; y es por eso también por lo que los demás seres, en tanto que producciones secundarias y parciales en cierto modo, no pueden más que proceder de él según una graduación indefinida, determinada por su mayor o menor alejamiento de este mismo punto central. Así pues,

---

[160] El término chino *Jen* puede traducirse igualmente, como ya lo hemos indicado, por el "Hombre" y por la "Humanidad", entendiéndose ésta ante todo como la naturaleza humana, y no como la simple colectividad de los hombres; en el caso del "hombre verdadero", "Hombre" y "Humanidad" son plenamente equivalentes, puesto que ha realizado integralmente la naturaleza humana en todas sus posibilidades.

[161] Es por eso por lo que, según el simbolismo del Génesis (II, 19-20), Adam podía "nombrar" verdaderamente a todos los seres de este mundo, es decir, definir, en el sentido más completo de esta palabra (que implica determinación y realización a la vez), la naturaleza propia de cada uno de ellos, que él conocía inmediata e interiormente como una dependencia de su naturaleza misma. — En eso como en todas las cosas, el Soberano, en la tradición extremo oriental, debe desempeñar un papel correspondiente al "hombre primordial": "Un príncipe sabio da a las cosas los nombres que les convienen, y cada cosa debe ser tratada según la significación del nombre que él le da" (*Liun-yu*, cap. XIII).

como lo indicábamos al comienzo, solo de él se puede decir propiamente y con toda verdad que es el "Hijo del Cielo y de la Tierra"; lo es "por excelencia" y en el grado más eminente que pueda ser, mientras que los demás seres no lo son más que por participación, siendo él mismo, por lo demás, necesariamente el medio de esa participación, puesto que es solo en su naturaleza donde el Cielo y la Tierra están inmediatamente unidos, si no en sí mismos, al menos por sus influencias respectivas en el dominio de existencia al cual pertenece el estado humano[162].

Como ya lo hemos explicado en otra parte[163], la iniciación, en su primera fase, la que concierne propiamente a las posibilidades del estado humano y que constituye lo que se llama los "misterios menores", tiene precisamente como meta la restauración del "estado primordial"; en otros términos, por esta iniciación, si se realiza efectivamente, el hombre es conducido, de la condición "descentrada" que es al presente la suya, a la situación central que debe pertenecerle normalmente, y es restablecido en todas las prerrogativas inherentes a esa situación central. Así pues, el "hombre verdadero" es el que ha llegado efectivamente al término de los "misterios menores", es decir, a la perfección misma del estado humano; por eso, en adelante está establecido definitivamente en el "Invariable Medio" (*Tchoung-young*), y escapa desde entonces a las vicisitudes de la "rueda cósmica",

---

[162] Esta última restricción la necesita la distinción que debe hacerse entre el "hombre verdadero" y el "hombre transcendente", o entre el hombre individual perfecto como tal y el "Hombre Universal".

[163] Ver concretamente *Apercepciones sobre la Iniciación*, XXXIX.

puesto que el centro no participa en el movimiento de la rueda, sino que es el punto fijo e inmutable alrededor del cual se efectúa este movimiento[164]. Así, sin haber alcanzado todavía el grado supremo que es la meta final de la iniciación y el término de los "misterios mayores", el "hombre verdadero", al haber pasado de la circunferencia al centro, de lo "exterior" a lo "interior", desempeña realmente, en relación a este mundo que es el suyo[165], la función del "motor inmóvil", cuya "acción de presencia" imita, en su dominio, la actividad "no actuante" del Cielo[166].

---

[164] Ver *El Simbolismo de la Cruz*, cap. XXVIII, y *Apercepciones sobre la Iniciación*, cap. XLVI.
[165] Se podría decir que no pertenece ya a este mundo, sino que es al contrario este mundo el que le pertenece a él.
[166] Es al menos curioso ver, en Occidente y en el siglo XVIII, a Martines de Pasqually reivindicar para sí mismo la cualidad de "hombre verdadero"; que sea con razón o sin ella, uno puede preguntarse en todo caso cómo había tenido conocimiento de este término específicamente taoísta, que, por lo demás, parece ser el único que lo haya empleado.

Capítulo X

EL HOMBRE Y LOS TRES MUNDOS

Cuando se comparan entre sí diferentes ternarios tradicionales, si realmente es posible hacerlos corresponder término a término, es menester guardarse bien de concluir de ello que los términos correspondientes son necesariamente idénticos, y esto inclusive en los casos en los que algunos de estos términos tienen designaciones similares, ya que puede ocurrir muy bien que esas designaciones estén aplicadas por transposición analógica a niveles diferentes. Esta precisión se impone concretamente en lo que concierne a la comparación de la Gran Tríada extremo oriental con el *Tribhuvana* hindú: los "tres mundos" que constituyen este último son, como se sabe, la Tierra (*Bhû*), la Atmósfera (*Bhuvas*) y el Cielo (*Swar*); pero el Cielo y la Tierra no son aquí el *Tien* y el *Ti* de la tradición extremo oriental, que corresponden siempre a *Purusha* y a *Prakriti* de la tradición hindú[167]. En efecto, mientras que éstos están fuera de la manifestación, de la que son los principios inmediatos, los "tres mundos" representan al contrario el conjunto de la manifestación misma, dividida en sus tres

---

[167] Ver *El Hombre y su devenir según el Vêdânta*, cap. XII y XIV.

grados fundamentales, que constituyen respectivamente el dominio de la manifestación informal, el de la manifestación sutil, y el de la manifestación grosera o corporal.

Dicho esto, para justificar el empleo de términos que en los dos casos uno está obligado a traducir por las mismas palabras "Cielo" y "Tierra", basta precisar que la manifestación informal es evidentemente aquella donde predominan las influencias celestes; y la manifestación grosera aquella donde predominan las influencias terrestres, en el sentido que hemos dado precedentemente a estas expresiones; se puede decir también, lo que equivale a lo mismo, que la primera está del lado de la esencia y que la segunda está del lado de la substancia, sin que sea posible no obstante identificarlas de ninguna manera a la Esencia y a la Substancia universales en sí mismas[168]. En cuanto a la manifestación sutil, que constituye el "mundo intermediario" (*antariksha*), es en efecto un término medio a este respecto, y procede de las dos categorías de influencias complementarias en proporciones tales que no se puede decir que la una predomine claramente sobre la otra, al menos en cuanto al

---

[168] A este propósito, señalaremos incidentalmente que los caracteres "paternal" y "maternal" mismos de que hemos hablado en el capítulo precedente son transpuestos a veces de una manera similar: cuando se trata por ejemplo de los "Padres de arriba" y de las "Madres de abajo", así como eso se encuentra concretamente en algunos tratados árabes, los "Padres" son los Cielos considerados distintivamente, es decir, los estados informales o espirituales de los que un ser tal como el individuo humano tiene su esencia, y las "Madres" son los elementos de los que está constituido el "mundo sublunar", es decir, el mundo corporal que es representado por la Tierra en tanto que proporciona a este mismo ser su substancia, tomando aquí naturalmente estos términos de "esencia" y de "substancia" en un sentido relativo y particularizado.

conjunto, y aunque, en su enorme complejidad, contiene elementos que pueden estar más cerca del lado esencial o del lado substancial, en todo caso, por eso no están menos del lado de la substancia en relación a la manifestación informal, y al contrario, del lado de la esencia en relación a la manifestación grosera.

Al menos, este término medio del *Tribhuvana* no podría ser confundido de ninguna manera con el de la Gran Tríada, que es el Hombre, aunque no obstante presenta con él una cierta relación que, si bien no es inmediatamente aparente, por eso no es menos real, y que indicaremos enseguida; de hecho, no desempeña el mismo papel que él desde todos los puntos de vista. En efecto, el término medio de la Gran Tríada es propiamente el producto o la resultante de los dos extremos, lo que se expresa por su designación tradicional como el "Hijo del Cielo y de la Tierra"; aquí, por el contrario, la manifestación sutil no procede más que de la manifestación informal, y la manifestación grosera procede a su vez de la manifestación sutil, es decir, que cada término, en el orden descendente, tiene en el que le precede su principio inmediato. Así pues, no es bajo esta relación del orden de producción de los términos como la concordancia entre los dos ternarios puede ser establecida válidamente; ella no puede serlo más que "estáticamente", en cierto modo, cuando, una vez ya producidos los tres términos, los dos extremos aparecen como correspondiendo relativamente a la esencia y a la substancia en el dominio de la manifestación universal tomada en su conjunto como teniendo una constitución análoga a la de un ser particular, es decir, tomada propiamente como el "macrocosmo".

No vamos a volver a hablar largamente de la analogía constitutiva del "macrocosmo" y del "microcosmo", sobre la que ya hemos explicado suficientemente en el curso de otros estudios; lo que es menester retener aquí sobre todo, es que un ser tal como el hombre, en tanto que "microcosmo", debe necesariamente participar de los "tres mundos" y tener en él elementos que se le corresponden respectivamente; y, en efecto, la misma división general ternaria le es igualmente aplicable: pertenece por el espíritu al dominio de la manifestación informal, por el alma al dominio de la manifestación sutil, y por el cuerpo al dominio de la manifestación grosera; tendremos que volver sobre esto un poco más adelante con algunos desarrollos, ya que se trata de una ocasión de mostrar de una manera más precisa las relaciones de diferentes ternarios que están entre los más importantes que se pueda tener que considerar. Por lo demás, es el hombre, y por ello es menester entender sobre todo el "hombre verdadero" o plenamente realizado, el que, más que todo otro ser, es verdaderamente el "microcosmo", y eso también en razón de su situación "central", que hace de él como una imagen o más bien como una "suma" (en el sentido latino de esta palabra) de todo el conjunto de la manifestación, puesto que su naturaleza, como lo decíamos precedentemente, sintetiza en sí misma la naturaleza de todos los demás seres, de suerte que no puede encontrarse nada en la manifestación que no tenga en el hombre su representación y su correspondencia. Esto no es una simple manera de hablar más o menos "metafórica", como los modernos se sienten inclinados a creerlo tan gustosamente, sino más bien la expresión de una verdad rigurosa, sobre la que se funda una notable parte de las ciencias tradicionales; en eso reside concretamente la explicación de las correlaciones que existen, de la manera más "positiva", entre las modificaciones del orden humano y las del orden cósmico, y sobre las que la tradición extremo oriental insiste quizás más todavía que cualquier otra para sacar de ellas prácticamente todas las aplicaciones que conllevan.

Por otra parte, hemos hecho alusión a una relación más particular del hombre con el "mundo intermediario", que es lo que se podría llamar una relación de "función": colocado entre el Cielo y la Tierra, no solo en el sentido principial que tienen en la Gran Tríada, sino también en el sentido más especializado que tienen en el *Tribhuvana*, es decir, entre el mundo espiritual y el mundo corporal, y participando a la vez del uno y del otro por su constitución, el hombre tiene por eso mismo, al respecto del conjunto del Cosmos, un papel intermediario comparable al que tiene en el ser vivo el alma entre el espíritu y el cuerpo. Ahora bien, lo que hay que precisar particularmente a este respecto, es que, precisamente, es en el dominio intermediario cuyo conjunto se designa como alma, o también como la "forma sutil", donde se encuentra comprendido el elemento que es propiamente característico de la individualidad humana como tal, y que es la "mente" (*manas*), de suerte que, se podría decir, este elemento específicamente humano se sitúa en el hombre como el hombre mismo se sitúa en el Cosmos.

Desde entonces es fácil comprender que la función en relación a la cual se establece la correspondencia del hombre con el término medio del *Tribhuvana*, o con el alma que le representa en el ser vivo, es propiamente una función de "mediación": el principio anímico ha sido calificado frecuentemente de "mediador" entre el espíritu y el cuerpo[169]; y, de igual modo, el hombre tiene verdaderamente un papel de "mediador" entre el Cielo y la Tierra, así como lo explicaremos más ampliamente después. Es en eso solo, y no en tanto que el hombre es el "Hijo del Cielo y de la Tierra", como puede establecerse una correspondencia término a término entre la Gran Tríada y el *Tribhuvana*, sin que esta correspondencia implique de ninguna manera una identificación de los términos de la una a los del otro; éste es el punto de vista que hemos llamado "estático", para distinguirle del que se podría decir "genético"[170], es decir, del que concierne al orden de producción de los términos, y para el que una tal concordancia no es ya posible, como se verá mejor todavía por las consideraciones siguientes.

---

[169] Aquí puede recordarse concretamente el "mediador plástico" de Cudworth.

[170] Aunque "estático" se opone habitualmente a "dinámico", preferimos no emplear aquí esta palabra "dinámico", que sin ser absolutamente impropia, no expresaría bastante claramente aquello de lo que se trata.

Capítulo XI

"Spiritus", "Anima", "Corpus"

La división ternaria es la más general y al mismo tiempo la más simple que se pueda establecer para definir la constitución de un ser vivo, y en particular la del hombre, ya que debe entenderse bien que la dualidad cartesiana del "espíritu" y del "cuerpo", que se ha impuesto en cierto modo a todo el pensamiento occidental moderno, no podría corresponder de ninguna manera a la realidad; ya hemos insistido en esto con frecuencia en otras partes para no tener necesidad de volver a ello. Por lo demás, la distinción del espíritu, del alma y del cuerpo es la que ha sido admitida unánimemente por todas las doctrinas tradicionales de Occidente, ya sea en la antigüedad o en la edad media; el hecho de que más tarde se haya llegado a olvidarla hasta el punto de no ver en los términos de "espíritu" y de "alma" más que una suerte de sinónimos, por lo demás bastante vagos, y a emplearlos indistintamente el uno por el otro, mientras que designan propiamente realidades de orden totalmente diferente, es quizás uno de los ejemplos más llamativos que se puedan dar de la confusión que caracteriza a la mentalidad moderna. Por lo demás, este error tiene consecuencias que no son todas de orden puramente teórico, y evidentemente ello le hace aún más peligroso[171]; pero no es de esto de lo que vamos a ocuparnos aquí, y solo queremos, en lo que concierne a la división ternaria tradicional, precisar algunos puntos que tienen una relación más directa con el tema de nuestro estudio.

Esta distinción del espíritu, del alma y del cuerpo ha sido aplicada al "macrocosmo" tanto como al "microcosmo", puesto que la constitución del uno es análoga a la del otro, de suerte que se deben encontrar necesariamente elementos que se correspondan rigurosamente por una parte y por otra. Esta consideración, en los Griegos, parece vincularse sobre todo a la doctrina cosmológica de los Pitagóricos, que, por lo demás, no hacía en realidad más que "readaptar" enseñanzas mucho más antiguas; Platón se ha inspirado de esta doctrina y la ha seguido mucho más de cerca de lo que se cree de ordinario, y es en parte por su mediación como algo de ella se ha transmitido a los filósofos posteriores, tales por ejemplo como los Estoicos, cuyo punto de vista mucho más exotérico ha mutilado y deformado muy frecuentemente las concepciones de que se trata. Los Pitagóricos consideraban un cuaternario fundamental que comprendía primero el Principio, transcendente en relación al Cosmos, después el Espíritu y el Alma universales, y por último la *Hylê* primordial[172]; importa precisar que esta última, en tanto que pura potencialidad, no puede ser asimilada al cuerpo, y que corresponde más bien a la "Tierra" de la Gran Tríada que a la del *Tribhuvana*,

---

[171] Ver *El Reino de Cantidad y los Signos de los Tiempos*, cap. XXXV.
[172] Cf. el comienzo de los *Rasâïl Ikhwân Eç-Çafâ*, que contiene una exposición muy clara de esta doctrina pitagórica.

mientras que el Espíritu y el Alma universales recuerdan manifiestamente a los otros dos términos de este último. En cuanto al Principio transcendente, corresponde en alguno aspectos al "Cielo" de la Gran Tríada, pero no obstante, por otra parte, se identifica también al Ser o a la Unidad metafísica, es decir, a *Tai-ki*; parece faltar aquí una distinción clara, que, por lo demás, no era quizás exigida por el punto de vista, mucho menos metafísico que cosmológico, en el que estaba establecido el cuaternario de que se trata. Sea como sea, los Estoicos deformaron está enseñanza en un sentido "naturalista", al perder de vista su Principio transcendente, y al no considerar ya más que un "Dios" inmanente que, para ellos, se asimilaba pura y simplemente al *Spiritus Mundi*; no decimos al *Anima Mundi*, contrariamente a lo que parecen creer algunos de sus intérpretes afectados por la confusión moderna del espíritu y del alma, ya que en realidad, para los Estoicos tanto como para aquellos que seguían más fielmente la doctrina tradicional, esta *Anima Mundi* no ha tenido nunca más que un papel simplemente "demiúrgico", en el sentido más estricto de esta palabra, en la elaboración del Cosmos a partir de la *Hylê* primordial.

Acabamos de decir la elaboración del Cosmos, pero sería quizás más exacto decir aquí la formación del *Corpus Mundi*, primero porque la función "demiúrgica" es en efecto propiamente una función "formadora"[173], y después porque,

---

[173] Importa precisar que decimos "formadora" y no "creadora"; esta distinción tomará su sentido más preciso si se considera que los cuatro términos del cuaternario pitagórico pueden ser puestos respectivamente en correspondencia con los "cuatro mundos" de la Kabbala hebraica.

en un cierto sentido, el Espíritu y el alma universales forman ellos mismos parte del Cosmos; en un cierto sentido, ya que, a decir verdad, pueden ser considerados bajo un doble punto de vista, que corresponde también en cierto modo a lo que hemos llamado más atrás el punto de vista "genético" y el punto de vista "estático", ya sea como "principios" (en un sentido relativo), o ya sea como "elementos" constitutivos del ser "macrocósmico". Esto proviene de que, desde que se trata del dominio de la Existencia manifestada, estamos más acá de la distinción de la Esencia y de la Substancia; del lado "esencial", el Espíritu y el Alma son, a niveles diferentes, como "reflexiones" del Principio mismo de la manifestación; del lado "substancial", aparecen al contrario como "producciones" sacadas de la *materia prima*, aunque determinen ellos mismos sus producciones ulteriores en el sentido descendente[174], y esto porque, para situarse efectivamente en lo manifestado, es menester que devengan ellos mismos parte integrante de la manifestación universal. La relación de estos dos puntos de vista es representada simbólicamente por el complementarismo del rayo luminoso y del plano de reflexión, que son necesarios el uno y el otro para que se produzca una imagen, de suerte que, por una parte, la imagen es verdaderamente un reflejo de la fuente

---

[174] Recordemos a este propósito que, según la doctrina hindú, *Buddhi*, que es el Intelecto puro y que, como tal, corresponde al *Spiritus* y a la manifestación informal, es, ella misma, la primera de las producciones de *Prakriti*, al mismo tiempo que es también, por otra parte, el primer grado de la manifestación de *Atmâ* o del Principio transcendente (ver *El Hombre y su devenir según el Vêdânta*, cap. VII).

luminosa misma, y por otra, se sitúa en el grado de realidad que está marcada por el plano de reflexión[175]; para emplear el lenguaje de la tradición extremo oriental, el rayo luminoso corresponde aquí a las influencias celestes y el plano de reflexión a las influencias terrestres, lo que coincide bien con la consideración del aspecto "esencial" y del aspecto "substancial" de la manifestación[176].

Naturalmente, estas precisiones, que acabamos de formular a propósito de la constitución del "macrocosmo", se aplican también en lo que concierne al espíritu y al alma en el "microcosmo"; únicamente el cuerpo no puede ser considerado nunca, hablando propiamente, como un "principio", porque, al ser la conclusión y el término final de la manifestación (esto, bien entendido, por lo que se refiere a nuestro mundo o a nuestro grado de existencia), no es más que "producto" y no puede devenir "productor" bajo ninguna relación. Por este carácter, el cuerpo expresa, tan completamente como es posible en el orden manifestado, la pasividad substancial; pero, al mismo tiempo, por eso mismo se diferencia también, de la manera más evidente, de la Substancia misma, que concurre en tanto que principio "maternal" a la producción de la manifestación. A este respecto, se puede decir que el ternario del espíritu, del alma y del cuerpo está constituido de manera muy diferente que los ternarios formados de dos términos complementarios y en

---

[175] Ver *El Simbolismo de la Cruz*, cap. XXIV.
[176] El rayo luminoso y el plano de reflexión corresponden exactamente a la línea vertical y a la línea horizontal tomadas para simbolizar respectivamente el Cielo y la Tierra (ver más atrás Fig. 7).

cierto modo simétricos y de un producto que ocupa entre ellos una situación intermediaria; en este caso (y también, no hay que decirlo, en el caso del *Tribhuvana* al que corresponde exactamente), los dos primeros términos se sitúan del mismo lado en relación al tercero, y, si éste puede considerarse en suma también como su producto, ellos no desempeñan ya en esta producción un papel simétrico: el cuerpo tiene en el alma su principio inmediato, pero no procede del espíritu más que indirectamente y por la intermediación del alma. Es solo cuando se considera el ser como enteramente constituido, y por consiguiente desde el punto de vista que hemos llamado "estático", cuando, viendo en el espíritu su aspecto "esencial" y en el cuerpo su aspecto "substancial", se puede encontrar bajo esta relación una simetría, ya no entre los dos primeros términos del ternario, sino entre el primero y el último; el alma es entonces, bajo la misma relación, intermediaria entre el espíritu y el cuerpo (y es lo que justifica su designación como principio "mediador", designación que hemos indicado precedentemente), pero por ello no permanece menos, como segundo término, forzosamente anterior al tercero[177], y, por consiguiente, no podría ser considerada de ninguna manera como un producto o una resultante de los dos términos extremos.

También puede plantearse otra cuestión: ¿cómo es que, a pesar de la falta de simetría que acabamos de indicar entre ellos, el espíritu y el alma se toman a veces no obstante de una

---

[177] No hay que decir que es de una anterioridad lógica de lo que se trata aquí esencialmente, puesto que los tres términos se consideran por lo demás en simultaneidad como elementos constitutivos del ser.

cierta manera como complementarios, siendo considerado el espíritu entonces generalmente como principio masculino y el alma como principio femenino? Es que, siendo el espíritu lo que, en la manifestación, está más cerca del polo esencial, el alma se encuentra, relativamente a él, del lado substancial; así, si se toma el uno en relación a la otra, el espíritu es *yang* y el alma es *yin*, y es por eso por lo que frecuentemente son simbolizados respectivamente por el Sol y por la Luna, lo que, por lo demás, puede justificarse también más completamente diciendo que el espíritu es la luz emanada directamente del Principio, mientras que el alma no presenta más que una reflexión de esta luz. Además, el mundo "intermediario", que se puede llamar también el dominio "anímico", es propiamente el medio donde se elaboran las formas, lo que, en suma, constituye efectivamente un papel "substancial" o "maternal"; y esta elaboración se opera bajo la acción o más bien bajo la influencia del espíritu, que tiene así, a este respecto, un papel "esencial" o "paternal"; por lo demás, entiéndase bien que en eso no se trata, para el espíritu, más que de una "acción de presencia", a imitación de la actividad "no actuante" del Cielo[178].

---

[178] Estas últimas precisiones pueden permitir comprender que, en el simbolismo hermético del grado 28 de la Masonería escocesa, el *Spiritus* y el *Anima* estén representados respectivamente por las figuras del Espíritu Santo y de la Virgen, lo que es una aplicación de orden menos universal que la que las hace corresponder a *Purusha* y a *Prakriti* como lo hemos dicho al comienzo. Por lo demás, es menester agregar que, en este caso, lo que se considera como el producto de los dos términos en cuestión no es el cuerpo, sino algo de un orden muy diferente, que es la Piedra filosofal, frecuentemente asimilada en efecto simbólicamente a Cristo; y, desde este punto de vista, su relación es todavía más estrictamente

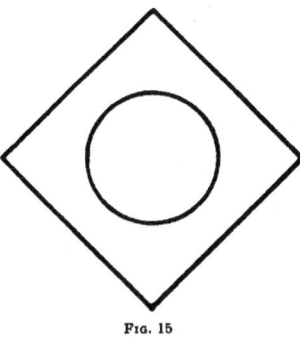

Fig. 15

Añadiremos algunas palabras sobre el tema de los principales símbolos del *Anima Mundi*: uno de los más habituales es la serpiente, en razón de que el mundo "anímico" es el dominio propio de las fuerzas cósmicas, que, aunque actúan también en el mundo corporal, pertenecen en sí mismas al orden sutil; y esto se vincula naturalmente a lo que hemos dicho más atrás del simbolismo de la doble espiral y del simbolismo del caduceo; por lo demás, la dualidad de los aspectos que reviste la fuerza cósmica corresponde bien al carácter intermediario de este mundo "anímico", que hace de él propiamente el lugar de encuentro de las influencias celestes y de las influencias terrestres. Por otra parte, la serpiente, en tanto que símbolo del *Anima Mundi*, se representa lo más frecuentemente bajo la forma del *Ouroboros*; esta forma conviene en efecto al principio anímico en tanto que está del lado de la esencia en relación al mundo corporal; pero, bien entendido, está al contrario del lado de la substancia en relación al mundo espiritual, de suerte que, según el punto de vista desde el que se le considere, puede

---

conforme a la noción del complementarismo propiamente dicho que en lo que concierne a la producción de la manifestación corporal.

tomar los atributos de la esencia o los de la substancia, lo que da, por así decir, la apariencia de una doble naturaleza. Estos dos aspectos se encuentran reunidos de una manera bastante notable en otro símbolo del *Anima Mundi*, que pertenece al hermetismo de la edad media (Fig. 15): en él se ve un círculo en el interior de un cuadrado "animado", es decir, colocado sobre uno de sus ángulos para sugerir la idea del movimiento, mientras que el cuadrado que reposa sobre su base expresa al contrario la idea de estabilidad[179]; y lo que hace a esta figura particularmente interesante desde el punto de vista donde nos colocamos al presente, es que las formas circular y cuadrada que son sus elementos tienen en ella significaciones respectivas exactamente concordantes con las que tienen en la tradición extremo oriental[180].

---

[179] Cf. *El Reino de la Cantidad y los Signos de los Tiempos*, cap. XX.

[180] Al comparar esta figura con la figura 8, se constatará que la imagen esquemática del "mundo intermediario" aparece en cierto modo como una "inversión" de figura del conjunto del Cosmos; sería posible deducir de esta observación, en lo que concierne a las leyes de la manifestación sutil, algunas consecuencias bastante importantes, que no podemos pensar en desarrollarlas aquí.

Capítulo XII

El Azufre, el Mercurio y la Sal

La consideración del ternario del espíritu, del alma y del cuerpo nos conduce bastante naturalmente a la del ternario alquímico del Azufre, del Mercurio y de la Sal[181], ya que éste le es comparable en muchos aspectos, aunque procede no obstante de un punto de vista algo diferente, lo que aparece concretamente en el hecho de que el complementarismo de los dos primeros términos está en él mucho más acentuado, de donde una simetría que, como ya lo hemos visto, no existe verdaderamente en el caso del espíritu y del alma. Lo que constituye una de las grandes dificultades de la comprehensión de los escritos alquímicos o herméticos en general, es que los mismos términos se toman en ellos muy frecuentemente en múltiples acepciones, que corresponden a puntos de vista diversos; pero, si ello es así en particular para el Azufre y el Mercurio, por ello no es menos verdad que el primero se considera constantemente como un principio activo o masculino, y el segundo como un principio pasivo o femenino; en cuanto a la Sal, es neutra en cierto

---

[181] Apenas hay necesidad de decir que aquí no se trata de ningún modo de los cuerpos que llevan los mismos nombres en la química vulgar, ni tampoco, por lo demás, de cuerpos cualesquiera, sino más bien de principios.

modo, así como conviene al producto de los dos complementarios, en el cual se equilibran las tendencias inversas inherentes a sus naturalezas respectivas.

Sin entrar en detalles que estarían aquí fuera de propósito, se puede decir que el Azufre, cuyo carácter activo le hace asimilable a un principio ígneo, es esencialmente un principio de actividad interior, que se considera que irradia a partir del centro mismo del ser. En el hombre, o por similitud con éste, esta fuerza interna se identifica frecuentemente de una cierta manera con el poder de la voluntad; por lo demás, esto no es exacto más que a condición de entender la voluntad en un sentido mucho más profundo que su sentido psicológico ordinario, y de una manera análoga a aquella donde se puede hablar por ejemplo de la "Voluntad divina"[182] o, según la terminología extremo oriental, de la "Voluntad del Cielo", puesto que su origen es propiamente "central", mientras que todo lo que considera la psicología es simplemente "periférico" y no se refiere en suma más que a modificaciones superficiales del ser. Por lo demás, es intencionadamente como mencionamos aquí la "Voluntad del Cielo", ya que, sin poder ser asimilado al Cielo mismo, el Azufre, por su "interioridad", pertenece al menos, evidentemente, a la categoría de las influencias celestes; y, en lo que concierne a su identificación con la voluntad, se puede decir que, si no es verdaderamente aplicable al caso del hombre ordinario (a quien la psicología toma exclusivamente como objeto de su

---

[182] Señalamos a este propósito que la palabra griega *theion*, que es la designación del Azufre, significa también al mismo tiempo "divino".

estudio), sí está plenamente justificada, por el contrario, en el caso del "hombre verdadero", que se sitúa en el centro de todas las cosas, y cuya voluntad, por consiguiente, está necesariamente unida a la "Voluntad del Cielo"[183].

En cuanto al Mercurio, su pasividad, correlativamente a la actividad del Azufre, hace que se le mire como un principio húmedo[184]; y que se le considere como reaccionando desde el exterior, de suerte que desempeña a este respecto el papel de una fuerza centrípeta y compresiva, que se opone a la acción centrífuga y expansiva del Azufre y que la limita en cierto modo. Por todos estos caracteres respectivamente complementarios, actividad y pasividad, "interioridad" y "exterioridad", expansión y compresión, se ve que, para volver al lenguaje extremo oriental, el Azufre es *yang* y el Mercurio es *yin*, y que, si el primero es referido al orden de las influencias celestes, el segundo debe serlo al orden de las influencias terrestres. No obstante, es menester tener en cuenta que el Mercurio no se sitúa en el dominio corporal, sino más bien en el dominio sutil o "anímico": en razón de su carácter de "exterioridad", se le puede considerar como

---

[183] Encontraremos más adelante esta consideración de la voluntad a propósito del ternario, "Providencia, Voluntad, Destino". — El "hombre transcendente", es decir, el que ha realizado en sí mismo el "Hombre Universal" (*el-insânul-kâmil*) es, en el lenguaje del hermetismo islámico, designado él mismo como el "Azufre rojo" (*el-kebrîtul-ahmar*), que también es representado simbólicamente por el Fénix; entre él y el "hombre verdadero" u "hombre primordial" (*el-insânul-qadîm*), la diferencia que existe es la que hay entre la "obra al rojo" y la "obra al blanco", que corresponden a la perfección respectiva de los "misterios mayores" y de los "misterios menores".

[184] Es por eso por lo que, entre sus diferentes designaciones, se encuentra también la de "húmedo radical".

representando el "ambiente", y éste debe ser concebido entonces como constituido por el conjunto de las corrientes de la doble fuerza cósmica de la que hemos hablado precedentemente[185]. Por lo demás, es en razón de la doble naturaleza o del doble aspecto que presenta esta fuerza, y que es como un carácter inherente a todo lo que pertenece al "mundo intermediario", por lo que el Mercurio, aunque se considera principalmente como un principio húmedo así como acabamos de decirlo, no obstante a veces es descrito como un "agua ígnea" (e inclusive alternativamente como un "fuego líquido")[186], y eso sobre todo en tanto que sufre la acción del Azufre, que "vigoriza" esta doble naturaleza y la hace pasar de la potencia al acto[187].

---

[185] Se recordará aquí lo que hemos indicado más atrás sobre el tema de la doble espiral considerada como "esquema del ambiente"; el Mercurio de los hermetistas es en suma la misma cosa que la "luz astral" de Paracelso, o lo que algunos autores más recientes, como Éliphas Lévi, han llamado más o menos justamente el "gran agente mágico", aunque, en realidad, su puesta en obra en el dominio de las ciencias tradicionales está muy lejos de limitarse a esta aplicación de orden inferior que constituye la magia en el sentido propio de esta palabra, así como lo muestran suficientemente las consideraciones que hemos expuesto a propósito de la "solución" y de la "coagulación" herméticas. — Cf. también, sobre la diferencia del hermetismo y de la magia, *Apercepciones sobre la Iniciación*, cap. XLI.

[186] Por lo demás, las corrientes de fuerza sutil pueden dar efectivamente una impresión de este género a aquellos que las perciben, y eso puede ser incluso una de las causas de la ilusión "fluídica" tan común a este respecto, sin prejuicio de las razones de otro orden que han contribuido a dar nacimiento a esta ilusión o a mantenerla (cf. *El Reino de la Cantidad y los Signos de los Tiempos*, cap. XVIII).

[187] Es entonces lo que los hermetistas llaman el Mercurio "animado" o "doble", para distinguirle del Mercurio ordinario, es decir, tomado pura y simplemente tal cual es en sí mismo.

De la acción interior del Azufre y de la reacción exterior del Mercurio, resulta una suerte de "cristalización" que determina, se podría decir, un límite común a lo interior y a lo exterior, o una zona neutra donde se encuentran y se estabilizan las influencias opuestas que proceden respectivamente del uno y del otro; el producto de esta "cristalización" es la Sal[188], que es representada por el cubo, en tanto que éste es a la vez el tipo de la forma cristalina y el símbolo de la estabilidad[189]. Por eso mismo de que marca, en cuanto a la manifestación individual de un ser, la separación de lo interior y de lo exterior, este tercer término constituye

---

[188] Hay analogía con la formación de una sal en el sentido químico de esta palabra, puesto que ésta se produce por la combinación de un elemento ácido, elemento activo, y de un elemento alcalino, elemento pasivo, que desempeñan respectivamente, en este caso especial, papeles comparables a los del Azufre y del Mercurio, pero que, bien entendido, difieren esencialmente de éstos en que son cuerpos y no principios; la sal es neutra y se presenta generalmente bajo la forma cristalina, lo que puede acabar de justificar la transposición hermética de esta designación.

[189] Es la "piedra cúbica" del simbolismo masónico; por lo demás, es menester precisar que en eso se trata de la "piedra cúbica" ordinaria, y no de la "piedra cúbica de punta" que simboliza propiamente la Piedra filosofal, la pirámide que corona el cubo y que representa un principio espiritual que viene a fijarse sobre la base constituida por la Sal. Se puede precisar que el esquema plano de esta "piedra cúbica de punta", es decir, el cuadrado coronado del triángulo, no difiere del signo alquímico del Azufre más que por la sustitución del cuadrado por una cruz; los dos símbolos tienen la misma correspondencia numérica, $7 = 3 + 4$, donde el septenario aparece como compuesto de un ternario superior y de un cuaternario inferior, relativamente "celeste" y "terrestre" el uno en relación al otro; pero el cambio de la cruz en cuadrado expresa la "fijación" o la "estabilización", en una "entidad" permanente, de aquello que el Azufre ordinario no manifestaba todavía más que en el estado de virtualidad, y que no ha podido realizar efectivamente más que tomando un punto de apoyo en la resistencia misma que le opone el Mercurio en tanto que "materia de la obra".

para ese ser como una "envoltura" por la cual está a la vez en contacto con el "ambiente" bajo una cierta relación y aislado de éste bajo otra; en eso corresponde al cuerpo, que desempeña efectivamente este papel "terminante" en un caso como el de la individualidad humana[190]. Por otra parte, se ha visto por lo que precede la relación evidente del Azufre con el espíritu y la del Mercurio con el alma; pero, aquí también, es menester prestar la mayor atención, al comparar entre sí diferentes ternarios, a que la correspondencia de sus términos puede variar según el punto de vista desde el cual se los considera. En efecto, el Mercurio, en tanto que principio "anímico", corresponde al "mundo intermediario" o al término mediano del *Tribhuvana*, y la Sal, en tanto que es, no diremos idéntica, pero sí al menos comparable al cuerpo, ocupa la misma posición extrema que el dominio de la manifestación grosera; pero, bajo otra relación, la situación respectiva de estos dos términos aparece como la inversa de ésta, es decir, que es la Sal la que deviene entonces el término mediano. Este último punto de vista es el más característico de la concepción específicamente hermética del ternario de que se trata, en razón del papel simétrico que da al Azufre y

---

[190] Por lo que hemos indicado en la nota precedente, se puede comprender desde entonces la importancia del cuerpo (o de un elemento "terminante" que corresponda a éste en las condiciones de otro estado de existencia) como "soporte" de la realización iniciática. — Agregaremos a este propósito que, si es el Mercurio el que es primeramente la "materia de la obra" como acabamos de decirlo, la Sal deviene esa materia después también, y lo deviene bajo otra relación, así como lo muestra la formación del símbolo de la "piedra cúbica de punta"; es a lo que se refiere la distinción que hacen los hermetistas entre su "primera materia" y su "materia próxima".

al Mercurio: la Sal es entonces intermediaria entre ellos, en primer lugar porque es como su resultante, y después porque se coloca en el límite mismo de los dos dominios "interior" y "exterior" a los que ellos corresponden respectivamente; la Sal es "terminante" en este sentido, se podría decir, más todavía que en cuanto al proceso de manifestación, aunque, en realidad, lo sea a la vez de una y de otra manera.

Esto debe permitir comprender por qué no podemos identificar sin reservas la Sal al cuerpo; para ser exacto, solo se puede decir que el cuerpo corresponde a la Sal bajo un cierto aspecto o en una aplicación particular del ternario alquímico. En otra aplicación menos restringida, es la individualidad toda entera la que corresponde a la Sal[191]. El Azufre, entonces, es siempre el principio interno del ser, y el Mercurio es el "ambiente" sutil de un cierto mundo o estado de existencia; la individualidad (suponiendo naturalmente que se trata de un estado de manifestación formal, tal como el estado humano) es la resultante de la coincidencia del principio interno con el "ambiente"; y se puede decir que el ser, en tanto que manifestado en ese estado, está como

---

[191] Desde este punto de vista, la transformación de la "piedra bruta" en "piedra cúbica" representa la elaboración que debe sufrir la individualidad ordinaria para devenir apta para servir de "soporte" o de "base" a la realización iniciática; la "piedra cúbica de punta" representa la agregación efectiva a esta individualidad de un principio de orden supraindividual, que constituye la realización iniciática misma, que, por lo demás, puede ser considerada de una manera análoga y por consiguiente ser representada por el mismo símbolo en sus diferentes grados, puesto que éstos se obtienen siempre por operaciones correspondientes entre sí, aunque a niveles diferentes, como la "obra al blanco" y la "obra al rojo" de los alquimistas.

"envuelto" en la individualidad, de una manera análoga a aquella en que, en otro nivel, la individualidad misma está "envuelta" en el cuerpo. Para retomar un simbolismo que ya hemos empleado precedentemente, el Azufre es comparable al rayo luminoso y el Mercurio lo es a su plano de reflexión, y la Sal es el producto del encuentro del primero con el segundo; pero esto, que implica toda la cuestión de las relaciones del ser con el medio donde se manifiesta, merece ser considerado con más amplios desarrollos.

Capítulo XIII

EL SER Y EL MEDIO

En la naturaleza individual de todo ser, hay dos elementos de orden diferente, que conviene distinguir bien, señalando para ello sus relaciones de una manera tan precisa como sea posible; en efecto, esta naturaleza individual procede en primer lugar de lo que el ser es en sí mismo, y que representa su lado interior y activo, y después, secundariamente, del conjunto de las influencias del medio en el que se manifiesta, que representan su lado exterior y pasivo. Para comprender cómo la constitución de la individualidad (y debe entenderse bien que aquí se trata de la individual integral, de la que la modalidad corporal no es más que la parte más exterior) es determinada por la acción del primero de estos dos elementos sobre el segundo, o, en términos alquímicos, cómo la Sal resulta de la acción del Azufre sobre el Mercurio, podemos servirnos de la representación geométrica a la que acabamos de hacer alusión cuando hemos hablado del rayo luminoso y de su plano de reflexión[192]; y, para eso, debemos referir el primer elemento al sentido vertical, y el segundo al sentido horizontal. En efecto,

---

[192] Para la exposición detallada de esta representación geométrica, remitimos como siempre a nuestro estudio sobre *El Simbolismo de la Cruz*.

la vertical representa entonces lo que liga entre sí a todos los estados de manifestación de un mismo ser, y que es necesariamente la expresión de ese ser mismo, o, si se quiere, de su "personalidad", es decir, la proyección directa por la que ésta se refleja en todos los estados, mientras que el plano horizontal representará el dominio de un cierto estado de manifestación, considerado aquí en el sentido "macrocósmico"; por consiguiente, la manifestación del ser en ese estado estará determinada por la intersección de la vertical considerada con este plano horizontal.

Dicho esto, es evidente que el punto de intersección no es cualquiera, sino que, él mismo, está determinado por la vertical de que se trata, en tanto que ésta se distingue de toda otra vertical, es decir, en suma, por el hecho de que ese ser es lo que es, y no lo que es algún otro ser cualquiera que se manifiesta igualmente en el mismo estado. En otros términos, se podría decir que es el ser el que, por su naturaleza propia, determina él mismo las condiciones de su manifestación, bajo la reserva, bien entendido, de que esas condiciones no podrán ser en todo caso más que la especificación de las condiciones generales del estado considerado, puesto que su manifestación debe ser necesariamente un desarrollo de posibilidades contenidas en ese estado, a exclusión de las que pertenecen a otros estados; y esta reserva está marcada geométricamente por la determinación preliminar del plano horizontal.

Por consiguiente, el ser se manifestará revistiéndose, por así decir, de elementos tomados al ambiente, y cuya "cristalización" estará determinada por la acción, sobre este ambiente, de su propia naturaleza interna (que, en sí misma, debe ser considerada como de orden esencialmente supraindividual, así como lo indica el sentido vertical según el cual se ejerce su acción); en el caso del estado individual humano, estos elementos pertenecerán naturalmente a las diferentes modalidades de este estado, es decir, a la vez al orden corporal y al orden sutil o psíquico. Este punto es particularmente importante para descartar algunas dificultades que no se deben más que a concepciones erróneas o incompletas: en efecto, si por ejemplo se traduce esto más especialmente en términos de "herencia", se podrá decir que no solo hay una herencia fisiológica, sino también una herencia psíquica, y que la una y la otra se explican exactamente de la misma manera, es decir, por la presencia, en la constitución del individuo, de elementos tomados al medio especial donde su nacimiento ha tenido lugar. Ahora bien, en Occidente, algunos se niegan a admitir la herencia psíquica, porque, al no conocer nada más allá del dominio al que ella se refiere, creen que este dominio debe ser el que pertenece en propiedad al ser mismo, el que representa lo que él es independientemente de toda influencia del medio. Otros, que admiten al contrario esta herencia, creen poder concluir de ello que el ser, en todo lo que él es, está enteramente determinado por el medio, que no es ni más ni menos que lo que el medio le hace ser, porque ya no conciben tampoco nada fuera del conjunto de los dominios corporal y psíquico. Así pues, en eso se trata de dos errores opuestos en cierto modo, pero que tienen una sola y misma fuente: los unos y los otros reducen el ser entero únicamente a su manifestación individual, e ignoran igualmente todo principio transcendente en relación a ésta. Lo que está en el fondo de todas estas concepciones modernas del ser humano, es siempre la idea de la dualidad cartesiana "cuerpo-alma"[193], que, de hecho, equivale pura y simplemente a la dualidad de lo fisiológico y de lo psíquico, considerada indebidamente como irreductible, de alguna manera última, y como comprendiendo a todo el ser en sus dos términos, mientras que, en realidad, éstos no representan más que los aspectos superficiales y exteriores del ser manifestado, y mientras que no son más que simples modalidades que pertenecen a un solo y mismo grado de existencia, el que figura el plano horizontal que hemos considerado, de suerte que el uno no es menos contingente que el otro, y que el ser verdadero está más allá tanto de uno como de otro.

Para volver a la herencia, debemos decir que no expresa integralmente las influencias del medio sobre el individuo, sino que constituye solo su parte más inmediatamente aprehensible; en realidad, estas influencias se extienden mucho más lejos, y se podría decir incluso, sin ninguna exageración y de la manera más literalmente exacta, que se extienden indefinidamente en todos los sentidos. En efecto, el medio cósmico, que es el dominio del estado de manifestación considerado, no puede ser concebido más que como un

---

[193] Decimos aquí "cuerpo-alma" más bien que "cuerpo-espíritu", por que, de hecho, es siempre el alma la que en parecido caso se toma abusivamente por el espíritu, mientras que éste permanece completamente ignorado en realidad.

conjunto cuyas partes están ligadas todas entre sí, sin ninguna solución de continuidad, ya que concebirle de otro modo equivaldría a suponer en él un "vacío", mientras que este "vacío", al no ser una posibilidad de manifestación, no podría tener ningún lugar en él[194]. Por consiguiente, debe haber necesariamente relaciones, es decir, en el fondo, acciones y reacciones recíprocas, entre todos los seres individuales que están manifestados en ese dominio, ya sea simultáneamente, o ya sea sucesivamente[195]; del más cercano al más lejano (y esto debe entenderse tanto en el tiempo como en el espacio), no es en suma más que una cuestión de diferencia de proporciones o de grados, de suerte que la herencia, cualquiera que pueda ser su importancia relativa en relación a todo lo demás, ya no aparece ahí más que como un simple caso particular.

En todos los casos, ya se trate de influencias hereditarias u otras, lo que hemos dicho primeramente permanece siempre igualmente verdadero: puesto que la situación del ser en el medio está determinada en definitiva por su naturaleza propia, los elementos que toma a su ambiente inmediato, y también los que atrae en cierto modo a él de todo el conjunto indefinido de su dominio de manifestación (y esto, bien entendido, se aplica tanto a los elementos de orden sutil como a los de orden corporal), deben estar necesariamente en

---

[194] Ver *Los Estados múltiples del Ser*, cap. III.
[195] Esto se refiere al punto de vista que corresponde al sentido horizontal en la representación geométrica; si se consideran las cosas en el sentido vertical, esta solidaridad de todos los seres aparece como una consecuencia de la unidad principal misma de la que toda existencia procede necesariamente.

correspondencia con esa naturaleza, sin lo cual no podría asimilarlos efectivamente para hacer de ellos como otras tantas modificaciones secundarias de sí mismo. Es en esto en lo que consiste la "afinidad" en virtud de la cual el ser, se podría decir, no toma del medio más que lo que es conforme a las posibilidades que lleva en él, que son las suyas propias y que no son las de ningún otro ser, es decir, no toma más que lo que, en razón de esta conformidad misma, debe proporcionar las condiciones contingentes que permitan a estas posibilidades desarrollarse o "actualizarse" en el curso de su manifestación individual[196]. Por lo demás, es evidente que toda relación entre dos seres cualesquiera, para ser real, debe ser forzosamente la expresión de algo que pertenece a la vez a la naturaleza del uno y del otro; así, la influencia que un ser parece sufrir desde afuera y recibir de otro que él no es nunca verdaderamente, cuando se la considera desde un punto de vista más profundo, más que una suerte de traducción, en relación al medio, de una posibilidad inherente a la naturaleza propia de ese ser mismo[197].

Sin embargo, hay un sentido en el que se puede decir que el ser sufre verdaderamente, en su manifestación, la influencia

---

[196] Estas condiciones son lo que se llama a veces "causas ocasionales", pero no hay que decir que no son causas en el verdadero sentido de esta palabra, aunque puedan presentar su apariencia cuando uno se queda en el punto de vista más exterior; las verdaderas causas de todo lo que le ocurre a un ser son siempre, en el fondo, las posibilidades que son inherentes a la naturaleza misma de ese ser, es decir, algo de orden puramente interior.

[197] Cf. lo que hemos dicho en otra parte, a propósito de las cualificaciones iniciáticas, sobre las enfermedades de origen aparentemente accidental (*Apercepciones sobre la Iniciación*, cap. XIV).

del medio; pero es solo en tanto que esta influencia se considera por su lado negativo, es decir, en tanto que constituye propiamente, para ese ser, una limitación. Eso es una consecuencia inmediata del carácter condicionado de todo estado de manifestación: el ser se encuentra en él sometido a algunas condiciones que tienen un papel limitativo, y que comprenden primeramente las condiciones generales que definen el estado considerado, y después las condiciones especiales que definen el modo particular de manifestación de ese ser en ese estado. Por lo demás, es fácil comprender que, cualesquiera que sean las apariencias, la limitación como tal no tiene ninguna existencia positiva, que no es nada más que una restricción que excluye algunas posibilidades, o una "privación" en relación a lo que excluye así, es decir, de cualquier manera que se quiera expresar, no es más que algo puramente negativo.

Por otra parte, debe entenderse bien que tales condiciones limitativas son esencialmente inherentes a un cierto estado de manifestación, que se aplican exclusivamente a lo que está comprendido en ese estado, y que, por consiguiente, no podrían vincularse de ninguna manera al ser mismo y seguirle a otro estado. Para manifestarse en éste, el ser encontrará naturalmente también algunas condiciones que tendrán un carácter análogo, pero que serán diferentes de aquellas a las que estaba sometido en el estado que hemos considerado en primer lugar, y que nunca podrán ser descritas en términos que convengan únicamente a estas últimas, como los del lenguaje humano, por ejemplo, que no pueden expresar otras condiciones de existencia que las del estado correspondiente, puesto que este lenguaje se encuentra en suma determinado y como confeccionado por estas condiciones mismas. Insistimos en ello porque, si se admite sin gran dificultad que los elementos sacados del ambiente para entrar en la constitución de la individualidad humana, lo que es propiamente una "fijación" o una "coagulación" de estos elementos, deben serle restituidos, por "solución", cuando esta individualidad ha terminado su ciclo de existencia y cuando el ser pasa a otro estado, así como todo el mundo puede constatarlo, por lo demás, directamente, al menos en lo que concierne a los elementos de orden corporal[198], parece menos simple admitir, aunque las dos cosas estén ligadas no obstante bastante estrechamente en realidad, que el ser sale entonces enteramente de las condiciones a las que estaba sometido en ese estado individual[199]; y esto se debe sin duda sobre todo a la imposibilidad, no ciertamente de concebir, sino de representarse condiciones de existencia diferentes de éstas, y para las que no se podría encontrar en este estado ningún término de comparación.

Una aplicación importante de lo que acabamos de indicar es la que se refiere al hecho de que un ser individual

---

[198] Conviene decir que la muerte corporal no coincide forzosamente con un cambio de estado en el sentido estricto de esta palabra, y que puede no representar más que un simple cambio de modalidad en el interior de un mismo estado de existencia individual; pero, guardadas todas las proporciones, las mismas consideraciones se aplican igualmente en los dos casos.

[199] O de una parte de estas condiciones cuando se trata solo de un cambio de modalidad, como el paso a una modalidad extracorporal de la individualidad humana.

pertenezca a una cierta especie, tal como la especie humana por ejemplo: hay evidentemente en la naturaleza misma de este ser algo que ha determinado su nacimiento en esta especie más bien que en cualquier otra[200]; pero, por otra parte, se encuentra desde entonces sometido a las condiciones que expresa la definición misma de la especie, y que estarán entre las condiciones especiales de su modo de existencia en tanto que individuo; éstos son, se podría decir, los dos aspectos positivo y negativo de la naturaleza específica, positivo en tanto que dominio de manifestación de algunas posibilidades, negativo en tanto que condición limitativa de existencia. Únicamente, lo que es menester comprender bien, es que solo en tanto que individuo manifestado en el estado considerado el ser pertenece efectivamente a la especie en cuestión, y que, en cualquier otro estado, se le escapa enteramente y no permanece ligado a él de ninguna manera. En otros términos, la consideración de la especie se aplica únicamente en el sentido horizontal, es decir, en el dominio de un cierto estado de existencia; no puede intervenir de ninguna manera en el sentido vertical, es decir, cuando el ser pasa a otros estados. Bien entendido, lo que es verdadero a este respecto para la especie lo es también, con mayor razón, para la raza, para la familia, en una palabra para todas las porciones más o menos restringidas del dominio individual en las que el ser, por las

---

[200] Hay que destacar que en sánscrito, la palabra *jâti* significa a la vez "nacimiento" y "especie" o "naturaleza específica".

condiciones de su nacimiento, se encuentra incluido en cuanto a su manifestación en el estado considerado[201].

Para terminar estas consideraciones, diremos algunas palabras de la manera en que, según lo que precede, se puede considerar lo que se llama las "influencias astrales"; y primeramente, conviene precisar que por ello no debe entenderse exclusivamente, y ni siquiera principalmente, las influencias propias de los astros cuyos nombres sirven para designarlas, aunque estas influencias, como las de todas las cosas, tengan sin duda también su realidad en su orden, sino que esos astros representan, sobre todo simbólicamente, lo que no quiere decir "idealmente" o por alguna otra manera de hablar más o menos figurada, sino al contrario, en virtud de correspondencias efectivas y precisas fundadas sobre la constitución misma del "macrocosmo", la síntesis de todas las diversas categorías de influencias cósmicas que se ejercen sobre la individualidad, y cuya mayor parte pertenece propiamente al orden sutil. Si se considera, como se hace más habitualmente, que estas influencias dominan la individualidad, eso no es más que el punto de vista más

---

[201] Naturalmente, el caso de la casta no constituye ninguna excepción aquí; por lo demás, esto resulta más visiblemente que para cualquier otro caso, de la definición de la casta como la expresión misma de la naturaleza individual (*varna*) y que no constituye por así decir más que una con ésta, lo que indica bien que no existe sino en tanto que el ser es considerado en los límites de la individualidad, y que, si existe necesariamente en tanto que está contenido en ella, no podría subsistir por el contrario para él más allá de esos mismos límites, puesto que todo lo que constituye su razón de ser se encuentra exclusivamente en el interior de éstos y no puede ser transportado a ningún otro dominio de existencia, donde la naturaleza individual de que se trata no responde ya a ninguna posibilidad.

exterior; en un orden más profundo, la verdad es que, si la individualidad está en relación con un conjunto definido de influencias, es porque es ese conjunto mismo el que es conforme a la naturaleza del ser que se manifiesta en esa individualidad. Así, si las "influencias astrales" parecen determinar lo que es el individuo, no obstante eso no es más que la apariencia; en el fondo, no le determinan, sino que solo le expresan, en razón del acuerdo o de la armonía que debe existir necesariamente entre el individuo y su medio, y sin lo cual ese individuo no podría realizar de ningún modo las posibilidades cuyo desarrollo constituye el curso mismo de su existencia. La verdadera determinación no viene de afuera, sino del ser mismo (lo que equivale a decir en suma que, en la formación de la Sal, es el Azufre el que es el principio activo, mientras que el Mercurio no es más que el principio pasivo), y los signos exteriores solo permiten discernirla, dándole en cierto modo una expresión sensible, al menos para aquellos que sepan interpretarlos correctamente[202]. De hecho, esta consideración no modifica ciertamente en nada los resultados que se pueden sacar del examen de las "influencias astrales"; pero, desde el punto de vista doctrinal, nos parece esencial para comprender el verdadero papel de éstas, es decir, en suma, la naturaleza real de las relaciones del ser con el medio en el que se cumple su manifestación individual, puesto que lo que se expresa a través de esas influencias, bajo una forma inteligiblemente coordinada, es la multitud

---

[202] De una manera general, esto el principio mismo de todas las aplicaciones "adivinatorias" de las ciencias tradicionales.

indefinida de los elementos diversos que constituyen este medio todo entero. Aquí no insistiremos más en ello, ya que pensamos haber dicho bastante al respecto como para hacer comprender cómo todo ser individual participa en cierto modo de una doble naturaleza, que, según la terminología alquímica, se puede decir "sulfurosa" en cuanto a lo interior y "mercurial" en cuanto a lo exterior; y es esta doble naturaleza, plenamente realizada y perfectamente equilibrada en el "hombre verdadero", la que hace efectivamente de éste el "Hijo del Cielo y de la Tierra", y la que, al mismo tiempo, le hace apto para desempeñar la función de "mediador" entre estos dos polos de la manifestación.

Capítulo XIV

El mediador

"Sube de la Tierra al Cielo, y redesciende del Cielo a la Tierra; recibe por ello la virtud y la eficacia de las cosas superiores e inferiores": estas palabras de la *Tabla de Esmeralda* hermética puede aplicarse muy exactamente al Hombre en tanto que término mediano de la Gran Tríada, es decir, de una manera más precisa, en tanto que es propiamente el "mediador" por el que se opera efectivamente la comunicación entre el Cielo y la Tierra[203]. Por lo demás, la "subida de la Tierra al Cielo" es representada ritualmente, en tradiciones muy diversas, por la ascensión a un árbol o a un poste, símbolo del "Eje del Mundo"; por esta ascensión, que es seguida forzosamente de un redescenso (y este doble movimiento corresponde también a la "solución" y a la "coagulación"), aquel que realiza verdaderamente lo que está implicado en el rito se asimila las influencias celestes y las trae en cierto modo a este mundo para unirlas aquí a las influencias terrestres, en él mismo primeramente, y después,

---

[203] Se puede ver también en estas palabras, desde el punto de vista propiamente iniciático, una indicación muy clara de la doble realización "ascendente" y "descendente"; pero se trata de un punto que no podemos pensar desarrollar al presente.

por participación y como por "irradiación", en el medio cósmico todo entero[204].

La tradición extremo oriental, como muchas otras por lo demás[205], dice que, en el origen, el Cielo y la Tierra no estaban separados; y, en efecto, están necesariamente unidos e "indistinguidos" en *Tai-ki*, su principio común; pero, para que la manifestación pueda producirse, es menester que el Ser se polarice efectivamente en Esencia y Substancia, lo que puede ser descrito como una "separación" de estos dos términos complementarios que son representados como el Cielo y la Tierra, puesto que es entre ellos, o en su "intervalo", si es permisible expresarse así, donde debe situarse la manifestación misma[206]. Desde entonces, su comunicación no

---

[204] A este propósito, haremos observar incidentalmente que, puesto que el descenso de las influencias celestes se simboliza frecuentemente por la lluvia, es fácil comprender cual es en realidad el sentido profundo de los ritos que tienen como meta aparente "hacer lluvia"; este sentido es evidentemente completamente independiente de la aplicación "mágica" que ve en ellos el vulgo, y que, por lo demás, no se trata de negar, sino solo de reducirla a su justo valor de contingencia de un orden muy inferior. — Es interesante notar que este simbolismo de la lluvia ha sido conservado, a través de la tradición hebraica, hasta en la liturgia católica misma: "*Rorate Cœli desuper, et nubes pluant Justum*" (Isaías 45:8); el "Justo" de que se trata aquí puede ser considerado como el "mediador" que "redesciende del Cielo a la Tierra", o como el ser que, teniendo efectivamente la plena posesión de su naturaleza celeste, aparece en este mundo como el *Avatâra*.

[205] Entiéndase bien que, en cuanto al fondo, el acuerdo se extiende a todas las tradiciones sin excepción; pero queremos decir que el modo mismo de expresión que se trata aquí no es exclusivamente propio a la tradición extremo oriental.

[206] Por lo demás, esto puede aplicarse analógicamente a niveles diferentes, según que se considere la manifestación universal entera, o solo un estado particular de manifestación, es decir, un mundo, o incluso un ciclo más o menos restringido de la existencia de ese mundo: en todos los casos, habrá siempre en el punto de

podrá establecerse más que según el eje que liga entre ellos los centros de todos los estados de existencia, en multitud indefinida, cuyo conjunto jerarquizado constituye la manifestación universal, y que se extiende así de un polo al otro, es decir, precisamente del Cielo a la Tierra, midiendo en cierto modo su distancia, como ya lo hemos dicho precedentemente, según el sentido vertical que marca la jerarquía de esos estados[207]. Así pues, el centro de cada estado puede ser considerado como la huella de este eje vertical sobre el plano horizontal que representa geométricamente a ese estado; y este centro, que es propiamente el "Invariable Medio" (*Tchoung-young*), es por eso mismo el punto único donde se opera, en ese estado, la unión de las influencias celestes y de las influencias terrestres, al mismo tiempo que es también el punto único donde es posible una comunicación directa con los demás estados de existencia, puesto que esta comunicación debe efectuarse necesariamente según el eje mismo. Ahora bien, en lo que concierne a nuestro estado, el centro es el "lugar" normal del hombre, lo que equivale a decir que el "hombre verdadero" está identificado a este centro mismo; así pues, es en él y solo por él como se efectúa, para este estado, la unión del Cielo y de la Tierra, y es por eso por lo que todo lo que está manifestado en este mismo estado procede y depende enteramente de él, y no existe en cierto modo más que como una proyección exterior y parcial de sus

---

partida algo que corresponderá, en un sentido más o menos relativo, a la "separación del Cielo y de la Tierra".

[207] Sobre la significación de este eje vertical, cf. *El Simbolismo de la Cruz*, cap. XXIII.

propias posibilidades. Es también su "acción de presencia" la que mantiene y conserva la existencia de este mundo[208], puesto que él es su centro, y puesto que, sin el centro, nada podría tener una existencia efectiva; en el fondo, esa es la razón de ser de los ritos que, en todas las tradiciones, afirman bajo una forma sensible la intervención del hombre para el mantenimiento del orden cósmico, y que no son en suma más que otras tantas expresiones más o menos particulares de la función de "mediación" que le pertenece esencialmente[209].

Son numerosos los símbolos tradicionales que representan al hombre, como término medio de la Gran Tríada, colocado entre el Cielo y la Tierra y desempeñando así su papel de "mediador"; y, primeramente, haremos observar sobre este punto que tal es la significación general de los trigramas del *Yi-king*, cuyos tres trazos corresponden respectivamente a los tres términos de la Gran Tríada: el trazo superior representa el Cielo, el trazo mediano representa el Hombre, y el trazo inferior representa a la Tierra; por lo demás, tendremos que volver sobre ello un poco más adelante. En los hexagramas, los dos trigramas superpuestos corresponden también respectivamente al Cielo y a la Tierra; aquí, el término

---

[208] En el esoterismo islámico, se dice de un tal ser que "sostiene el mundo por su sola respiración".

[209] Decimos "expresiones" en tanto que estos ritos representan simbólicamente la función de que se trata; pero es menester comprender bien que, al mismo tiempo, es por el cumplimiento de estos mismos ritos como el hombre desempeña efectiva y conscientemente esta función; es esa una consecuencia inmediata de la eficacia propia que es inherente a los ritos, y sobre la cual ya nos hemos explicado suficientemente en otra parte como para no tener necesidad de insistir de nuevo en ello (ver *Apercepciones sobre la Iniciación*).

mediano ya no está figurado visiblemente; pero es el conjunto mismo del hexagrama el que, al unir las influencias celestes y las influencias terrestres, expresa propiamente la función del "mediador". A este respecto, se impone una aproximación con una de las significaciones del "sello de Salomón", el que por lo demás está formado igualmente de seis trazos, aunque dispuestos de una manera diferente: en este caso, el triángulo recto es la naturaleza celeste y el triángulo inverso la naturaleza terrestre, y el conjunto simboliza el "Hombre Universal" que, al unir en él estas dos naturalezas, es por eso mismo el "mediador" por excelencia[210].

Otro símbolo extremo oriental bastante generalmente conocido es el de la tortuga, colocada entre las dos partes superior e inferior de su concha como el Hombre entre el Cielo y la Tierra; y, en esta representación, la forma misma de estas dos partes no es menos significativa que su situación: la parte superior, que "cubre" al animal corresponde también al Cielo por su forma redondeada, y, de igual modo, la parte inferior, que le "soporta", corresponde a la Tierra por su forma aplanada[211]. Así pues, la concha toda entera es una

---

[210] En términos específicamente cristianos, es la unión de la naturaleza divina y de la naturaleza humana en Cristo, que tiene efectivamente este carácter de "mediador" por excelencia (cf. *El Simbolismo de la Cruz*, cap. XXVIII). — La concepción del "Hombre Universal" extiende a la manifestación toda entera, por transposición analógica, este papel que el "hombre verdadero" ejerce sólo, de hecho, en relación a un estado particular de existencia.

[211] La superficie plana, como tal, está naturalmente en relación directa con la línea recta, elemento del cuadrado, y tanto la una como el otro se pueden definir igualmente, de una manera negativa, por la ausencia de curvatura.

imagen del Universo[212], y, entre sus dos partes, la tortuga misma representa naturalmente el término mediano de la Gran Tríada, es decir, el Hombre; además, su retracción al interior de la concha simboliza la concentración en el "estado primordial", que es el estado del "hombre verdadero"; y esta concentración es por lo demás la realización de la plenitud de las posibilidades humanas, ya que, aunque el centro no sea aparentemente más que un punto sin extensión, no obstante es este punto el que, principialmente, contiene a todas las cosas en realidad[213], y es precisamente por eso por lo que el "hombre verdadero" contiene en sí mismo todo lo que está manifestado en el estado de existencia al centro del cual está identificado.

Es por un simbolismo similar al de la tortuga por lo que, como ya lo hemos indicado incidentalmente en otra parte[214], la vestidura de los antiguos príncipes, en China, debía tener una forma redonda por arriba (es decir en el cuello) y cuadrada por abajo, puesto que estas formas son las que representan respectivamente al Cielo y a la Tierra; y podemos notar desde ahora que este símbolo presenta una relación muy particular con otro, sobre el que volveremos un poco más adelante, que coloca al Hombre entre la escuadra y el compás, puesto que éstos son los instrumentos que sirven

---

[212] Es por eso por lo que el diagrama llamado *Lo-chou* fue, se dice, presentado a Yu el Grande por una tortuga; y es también de ahí de donde deriva el uso que se hace de la tortuga en algunas aplicaciones especiales de las ciencias tradicionales, concretamente en el orden "adivinatorio".

[213] Sobre las relaciones del punto y de la extensión, cf. *El Simbolismo de la Cruz*, cap. XVI y XXIX.

[214] *El Reino de la Cantidad y los Signos de los Tiempos*, cap. XX.

respectivamente para trazar el cuadrado y el círculo. Se ve además, en esta disposición de la vestidura, que el hombre-tipo, representado por el príncipe, por unir efectivamente el Cielo y la Tierra, era figurado como tocando el Cielo con su cabeza, mientras que sus pies reposaban sobre la Tierra; ésta es una consideración que encontraremos enseguida de una manera más precisa todavía. Añadiremos que, si la vestidura del príncipe o del soberano tenía así una significación simbólica, era igual para todas las acciones de su vida, las que estaban reguladas exactamente según los ritos, lo que hacía de él, como acabamos de decir, la representación del hombre-tipo en todas las circunstancias; por lo demás, en el origen, debía ser efectivamente un "hombre verdadero", y, si más tarde ya no pudo serlo siempre igualmente, en razón de las condiciones de degeneración espiritual creciente en la humanidad, por ello no continuó menos invariablemente, en el ejercicio de su función e independientemente de lo que podía ser en sí mismo, "encarnando" de alguna manera al "hombre verdadero" y ocupando ritualmente su sitio, y debía hacerlo tanto más necesariamente cuanto que, como se verá mejor todavía después, su función era esencialmente la del "mediador"[215].

Un ejemplo característico de estas acciones rituales es la circumambulación del Emperador en el *Ming-tang*; como

---

[215] Ya hemos insistido en otras ocasiones sobre la distinción que es menester hacer, de una manera general, entre una función tradicional y el ser que la desempeña, donde lo que está vinculado a la primera es independiente de lo que el segundo vale en sí mismo y como individuo (ver concretamente *Apercepciones sobre la Iniciación*, cap. XLV).

tendremos que volver más adelante sobre ello con algunos desarrollos, nos contentaremos, por el momento, con decir que este *Ming-tang* era como una imagen del Universo[216] concentrada en cierto modo en un lugar que representaba el "Invariable Medio" (y el hecho mismo de que el Emperador residiera en ese lugar hacía de él la representación del "hombre verdadero"); y lo era a la vez bajo el doble aspecto del espacio y del tiempo, ya que el simbolismo espacial de los puntos cardinales estaba puesto allí en relación directa con el simbolismo temporal de las estaciones en el recorrido del ciclo anual. Ahora bien, el techo de este edificio tenía un forma redondeada, mientras que su base tenía una forma cuadrada o rectangular; así pues, entre ese techo y esa base, que recuerdan las dos partes superior e inferior de la concha de la tortuga, el Emperador representaba bien al Hombre entre el Cielo y la Tierra. Esta disposición constituye por lo demás un tipo arquitectónico que se encuentra de una manera muy general, con el mismo valor simbólico, en un enorme número de formas tradicionales diferentes; uno puede darse cuenta de ello por ejemplos tales como el del *stûpa* búdico, el de la *qubbah* islámica, y muchos otros todavía, así como tendremos quizás la ocasión de mostrarlo más completamente en algún otro estudio, ya que este tema es de los que tienen una gran importancia en lo que concierne al sentido propiamente iniciático del simbolismo constructivo.

---

[216] De igual modo que la tortuga, al simbolismo de la cual estaba vinculado, así como lo veremos, por la figuración del *Lo-chou* que proporcionaba su plano.

Citaremos también otro símbolo equivalente a éste bajo la relación que estamos considerando al presente: es el símbolo del jefe en su carro; éste, en efecto, era construido conforme al mismo "modelo cósmico" que los edificios tradicionales tales como el *Ming-tang*, con un dosel circular que representaba el Cielo y un suelo cuadrado que representaba la Tierra. Es menester agregar que este dosel y este suelo estaban ligados por un mástil, símbolo axial[217], del que una pequeña parte rebasaba incluso el dosel[218], como para marcar que el "techo del Cielo" está en realidad más allá del Cielo mismo; y se consideraba que este mástil medía simbólicamente la altura del hombre tipo al que se asimilaba el jefe, altura dada por proporciones numéricas que variaban por lo demás según las condiciones cíclicas de la época. Así, el hombre se identificaba él mismo al "Eje del Mundo", a fin de poder ligar efectivamente el Cielo y la Tierra; por lo demás, es menester decir que esta identificación con el eje, si se considera como plenamente efectiva, pertenece más propiamente al "hombre transcendente", mientras que el "hombre verdadero" no se identifica efectivamente más que a un punto del eje, que es el centro de su estado, y, por ahí, virtualmente al eje mismo; pero esta cuestión de las relaciones

---

[217] Este eje no siempre está representado visiblemente en los edificios tradicionales que acabamos de indicar, pero, que lo esté o no, por ello no desempeña menos un papel capital en su construcción, que se ordena en cierto modo toda entera en relación a él.

[218] Este detalle que se encuentra en otros casos y concretamente en el del *stûpa*, tiene mucha más importancia de la que se podría creer a primera vista, ya que, desde el punto de vista iniciático, se refiere a la representación simbólica de la "salida del Cosmos".

del "hombre transcendente" y del "hombre verdadero" requiere otros desarrollos que encontrarán lugar en la continuación de este estudio.

Capítulo XV

ENTRE LA ESCUADRA Y EL COMPÁS

Un punto que da lugar a una aproximación particularmente destacable entre la tradición extremo oriental y las tradiciones iniciáticas occidentales, es el que concierne al simbolismo del compás y de la escuadra: éstos, como ya lo hemos indicado, corresponden manifiestamente al círculo y al cuadrado[219], es decir, a las figuras geométricas que representan respectivamente el Cielo y la Tierra[220]. En el simbolismo masónico, conformemente a esta correspondencia, el compás está colocado normalmente arriba y la escuadra abajo[221]; entre los dos está figurada generalmente la Estrella flameante, que

---

[219] Haremos observar que, en inglés, la misma palabra *square* designa a la vez la escuadra y el cuadrado; en chino igualmente, el término *fang* tiene las dos significaciones.

[220] La manera en que el compás y la escuadra están dispuestos uno en relación a la otra, en los tres grados de la *Craft Masonry*, muestra las influencias celestes dominadas primeramente por las influencias terrestres, luego desprendiéndose de ellas gradualmente y acabando por dominarlas a su vez.

[221] Cuando esta posición está invertida, el símbolo toma una significación particular que debe ser aproximada a la inversión del símbolo alquímico del Azufre, para representar el cumplimiento de la "Gran Obra", así como al simbolismo de la doceava lámina del Tarot.

es un símbolo del Hombre[222], y más precisamente del "hombre regenerado"[223], y que completa así la representación de la Gran Tríada. Además, se dice que "un Maestro Masón se reencuentra siempre entre la escuadra y el compás", es decir, en el "lugar" mismo donde se inscribe la Estrella flameante, y que es propiamente el "Invariable Medio"[224]; así pues, el Maestro se asimila al "hombre verdadero", colocado entre la Tierra y el Cielo y que ejerce la función de "mediador"; y esto es tanto más exacto cuanto que, simbólica y "virtualmente" al menos, si no efectivamente, la Maestría representa el acabamiento de los "misterios menores", de los que el estado del "hombre verdadero" es el término mismo[225];

---

[222] La Estrella flameante es una estrella de cinco puntas, y 5 es el número del "microcosmo"; por lo demás, esta asimilación se indica expresamente en el caso donde la figura misma del hombre se representa en la estrella (identificándose la cabeza, los brazos y las piernas a cada una de sus cinco puntas) como se ve concretamente en el pentagrama de Agrippa.

[223] Según un antiguo ritual, "la Estrella flameante es el símbolo del Masón (se podría decir más generalmente del iniciado) que resplandece de luz en medio de las tinieblas (del mundo profano)". — En esto hay una alusión evidente a estas palabras del evangelio de San Juan (1,5): "*Et Lux in tenebris lucet, et tenebrae eam non comprehenderunt*".

[224] Así pues, no es sin motivo que la Logia de los Maestros se llame la "Cámara del Medio".

[225] En relación con la fórmula masónica que acabamos de citar, se puede precisar que la expresión china "bajo el Cielo" (*Tien-hia*), que ya hemos mencionado y que designa el conjunto del Cosmos, es susceptible de tomar, desde el punto de vista propiamente iniciático, un sentido particular, que corresponde al "Templo del Espíritu Santo, que está por todas partes", y que es donde se reúnen los Rosa-Cruz, que son también los "hombres verdaderos" (cf. *Apercepciones sobre la Iniciación*, cap. XXXVII y XXXVIII). — Recordaremos también a este propósito que "el Cielo cubre", y que precisamente los trabajos masónicos deben efectuarse

se ve que tenemos ahí un simbolismo rigurosamente equivalente al que hemos encontrado precedentemente, bajo varias formas diferentes, en la tradición extremo oriental.

A propósito de lo que acabamos de decir del carácter de la Maestría, haremos incidentalmente una precisión: este carácter, que pertenece al último grado de la Masonería propiamente dicha, concuerda bien con el hecho de que, como lo hemos indicado en otra parte[226], las iniciaciones de oficio y las que se derivan de ellas se refieren propiamente a los "misterios menores". Por lo demás, es menester agregar que, en lo que se llama los "altos grados", y que está formado de elementos de proveniencias bastante diversas, hay algunas referencias a los "misterios mayores", entre las cuales hay al menos una que se vincula directamente a la antigua Masonería operativa, lo que indica que ésta abría al menos algunas perspectivas sobre lo que está más allá del término de los "misterios menores": queremos hablar de la distinción que se hace, en la Masonería anglosajona, entre la *Square Masonry* y el *Arch Masonry*. En efecto, en el paso *"from square to arch"*, o, como se decía de una manera equivalente en la Masonería francesa del siglo XVIII, "del triángulo al círculo"[227], se encuentra la oposición entre las figuras cuadradas (o más generalmente rectilíneas) y las figuras circulares, en tanto que éstas corresponden respectivamente a la Tierra y al Cielo; así

"a cubierto", siendo la Logia por lo demás una imagen del Cosmos (Ver *El Rey del Mundo*, cap. VII).
[226] *Apercepciones sobre la Iniciación*, cap. XXXIX.
[227] El triángulo ocupa aquí el lugar del cuadrado, puesto que como él es una figura rectilínea, y esto no cambia nada el simbolismo que se trata.

pues, en eso no puede tratarse más que de un paso del estado humano, representado por la Tierra, a los estados suprahumanos, representados por el Cielo (o los Cielos)[228], es decir, de un paso del dominio de los "misterios menores" al dominio de los "misterios mayores"[229].

Para volver a la aproximación que hemos señalado al comienzo, debemos decir también que, en la tradición extremo oriental, el compás y la escuadra no solo se presupone implícitamente que sirven para trazar el círculo y el cuadrado, sino que ellos aparecen expresamente en algunos casos, y concretamente como atributos de Fo-hi y de Niu-koua, así como ya lo hemos señalado en otra ocasión[230]; pero entonces no tuvimos en cuenta una particularidad que, a primera vista, puede parecer una anomalía a este respecto, y que nos queda que explicar ahora. En efecto, el compás, símbolo "celeste" y por consiguiente *yang* o masculino, pertenece propiamente a Fo-hi, y la escuadra, símbolo "terrestre", y por consiguiente *yin* o femenino, a Niu-koua; pero cuando son representados juntos y unidos por sus colas de serpientes (que corresponden así exactamente a las dos

---

[228] En todo rigor, no se trata aquí de los mismos términos que son designados así en la Gran Tríada, sino de algo que se les corresponde en un cierto nivel y que está comprendido en el interior del Universo manifestado, como en el caso del *Tribhuvana*, pero con la diferencia de que la Tierra, en tanto que representa el estado humano en su integralidad, debe considerarse como comprendiendo a la vez la Tierra y la Atmósfera o "región intermedia" del *Tribhuvana*.

[229] La bóveda celeste es la verdadera "bóveda de perfección" a la que se hace alusión en algunos grados de la Masonería escocesa; por lo demás, esperamos poder desarrollar en otro estudio las consideraciones de simbolismo arquitectónico que se refieren a esta cuestión.

[230] *El Reino de la Cantidad y los Signos de los Tiempos*, cap. XX.

serpientes del caduceo), es al contrario Fo-hi quien lleva la escuadra y Niu-koua el compás[231]. Esto se explica en realidad por un intercambio comparable al que hemos mencionado más atrás en lo que concierne a los números "celestes" y "terrestres", intercambio que, en parecido caso, se puede calificar muy propiamente de "hierogámico"[232]; uno no ve cómo, sin un tal intercambio, el compás podría pertenecer a Niu-Koua, tanto más cuanto que las acciones que le son atribuidas la representan como ejerciendo sobre todo la función de asegurar la estabilidad del mundo[233], función que se refiere efectivamente al lado "substancial" de la manifestación, y cuanto que la estabilidad es expresada en el simbolismo geométrico por la forma cúbica[234]. Por el

---

[231] Por el contrario, una tal interversión de los atributos no existe en la figuración del *Rebis* hermético, en donde el compás lo sostiene la mitad masculina, asociada al Sol, y la escuadra la mitad femenina asociada a la Luna. — Sobre las correspondencias del Sol y de la Luna, uno podrá remitirse aquí a lo que hemos dicho en una nota precedente a propósito de los números 10 y 12, y también, por otra parte, a las palabras de la *Tabla de Esmeralda*: "El Sol es su padre, la Luna es su madre", que se refieren precisamente al *Rebis* o al "Andrógino", puesto que éste es la "cosa única" en la que están juntas las "virtudes del Cielo y de la Tierra" (única en efecto en su esencia, aunque doble, *res bina*, en cuanto a sus aspectos exteriores, de igual modo que la fuerza cósmica de la que hemos hablado más atrás y que recuerdan simbólicamente las colas de serpientes en la representación de Fo-hi y de Niu-koua).

[232] M. Granet reconoce expresamente este intercambio para el compás y la escuadra (*La Pensée chinoise*, p. 363) así como también para los números pares e impares; esto hubiera debido evitarle el enojoso error de calificar el compás de "emblema femenino" como lo hace en otra parte (nota de la p. 267).

[233] Ver *El Reino de la Cantidad y los Signos de los Tiempos*, cap. XXV.

[234] A la interversión de los atributos entre Fo-hi y Niu-koua, se puede aproximar el hecho de que, en las láminas tercera y cuarta del Tarot, un simbolismo celeste (estrellas) se atribuye a la Emperatriz y un simbolismo terrestre (piedra cúbica) al

contrario, en un cierto sentido, la escuadra pertenece también a Fo-hi en tanto que "Señor de la Tierra", a la cual le sirve para medir[235], y, bajo este aspecto, corresponde, en el simbolismo masónico, al "Venerable Maestro que gobierna por la escuadra" (*the Worshipful Master who rules by the square*[236]); pero, si ello es así, es porque, en sí mismo y no ya en su relación con Niu-koua, él es *yin-yang* en tanto que está reintegrado al estado y a la naturaleza del "hombre primordial". Bajo esta nueva relación, la escuadra misma toma otra significación, ya que, debido al hecho de que está formada de dos brazos en ángulo recto, se la puede considerar entonces como la reunión de la horizontal y de la vertical, que, en uno de sus sentidos, corresponden respectivamente, así como lo hemos visto precedentemente, a la Tierra y al Cielo, así como también al *yin* y al *yang* en todas sus aplicaciones; por lo demás, es así como, en el simbolismo masónico también, la escuadra del Venerable se considera en efecto como la unión o la síntesis del nivel y de la plomada[237].

Emperador; además, numéricamente y por el rango de estas dos láminas, se encuentra que la Emperatriz está en correspondencia con 3, número impar, y el Emperador con 4, número par, lo que reproduce también la misma inteversión.

[235] Tendremos que volver un poco más adelante sobre esta medida de la Tierra, a propósito de la disposición del *Ming-tang*.

[236] El imperio regido y organizado por Fo-hi y sus sucesores estaba constituido de manera de ser, como la Logia en la Masonería, una imagen del Cosmos en su conjunto.

[237] El nivel y la plomada son los atributos respectivos de los dos Vigilantes (*Wardens*), y son puestos por eso en relación directa con los dos términos del complementarismo representado por las dos columnas del Templo de Salomón.
— Conviene precisar también que, mientras que la escuadra de Fo-hi parece ser de brazos iguales, la del Venerable debe tener al contrario, regularmente, brazos

Agregaremos una última precisión en lo que concierne a la figuración de Fo-hi y de Niu-koua: en ella, el primero está situado a la izquierda y la segunda a la derecha[238], lo que corresponde también a la preeminencia que la tradición extremo oriental atribuye más habitualmente a la izquierda sobre la derecha, preeminencia de la que ya hemos dado la explicación más atrás[239]. Al mismo tiempo, Fo-hi tiene la escuadra de la mano izquierda, y Niu-koua tiene el compás de la mano derecha; aquí, en razón de la significación respectiva del compás y de la escuadra en sí mismos, es menester acordarse de estas palabras que ya hemos mencionado: "La Vía del Cielo prefiere la derecha, la Vía de la Tierra prefiere la izquierda"[240]. Así pues, se ve claramente, en un ejemplo como éste, que el simbolismo tradicional es siempre perfectamente coherente, pero también se ve que no podría prestarse a ninguna "sistematización" más o menos estrecha, dado que debe responder a la multitud de los puntos de vista diversos bajo los que pueden considerarse las cosas, y

---

desiguales; esta diferencia puede corresponder, de una manera general, a la de las formas del cuadrado y de un rectángulo más o menos alargado; pero, además, la desigualdad de los brazos de la escuadra se refiere más precisamente a un "secreto" de la Masonería operativa concerniente a la formación del triángulo rectángulo cuyos lados son respectivamente proporcionales a los números 3, 4 y 5, triángulo cuyo simbolismo encontraremos por lo demás en la continuación de este estudio.

[238] En este caso, se trata naturalmente de la derecha y de la izquierda de los personajes mismos, y no de las del espectador.

[239] En la figura del *Rebis*, la mitad masculina está al contrario a la derecha y la mitad femenina a la izquierda; esta figura no tiene por lo demás más que dos manos, de las que la derecha tiene el compás y la izquierda la escuadra.

[240] *Tcheou-li.*

puesto que es por eso mismo por lo que abre posibilidades de concepción realmente ilimitadas.

Capítulo XVI

El "Ming-Tang"

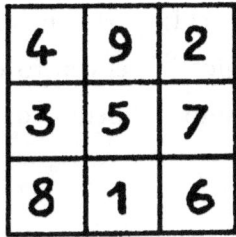

Fig. 16

Hacia el fin del tercer milenario antes de la era cristiana, la China estaba dividida en nueve provincias[241], según la disposición geométrica figurada aquí (Fig. 16): una en el centro, y ocho en los cuatro puntos cardinales y en los cuatro puntos intermediarios. Esta división es atribuida a Yu el Grande (*Ta-Yu*[242]), que, se dice,

---

[241] El territorio de la China parece haber estado comprendido entonces entre el Río Amarillo y el Río Azul.

[242] Es al menos curioso constatar la semejanza singular que existe entre el nombre y el epíteto de Yu el Grande y los del *Hu Gadarn* de la tradición céltica; ¿sería menester concluir de ello que hay ahí como "localizaciones" ulteriores y particularizadas de un mismo "prototipo" que se remontaría mucho más lejos, y quizás hasta la Tradición primordial misma? Por lo demás, esta aproximación no es más extraordinaria que lo que hemos contado en otra parte sobre el tema de la "isla de los cuatro Señores" visitada por el Emperador Yao, de quien,

recorrió el mundo para "medir la Tierra"; y, al efectuarse esta medida según la forma cuadrada, se ve aquí el uso de la escuadra atribuida al Emperador como "Señor de la Tierra"[243]. La división en nueve le fue inspirada por el diagrama llamado *Lo-chou* o "Escrito del Lago" que, según la "leyenda", le había sido aportado por una tortuga[244] y en el cual los nueve primeros números están dispuestos de manera que forman lo que se llama un "cuadrado mágico"[245]; con esto, esta división hacía del Imperio una imagen del Universo. En este "cuadrado mágico"[246], el centro está ocupado por el número 5, que es él mismo el "medio" de los nueve primeros

---

precisamente, Yu el Grande fue primeramente ministro (*El Rey del Mundo*, cap. IX).

[243] Como ya lo hemos indicado, esta escuadra es de brazos iguales porque la forma del Imperio y la de sus divisiones eran consideradas como cuadrados perfectos.

[244] El otro diagrama tradicional, llamado *Ho-tou* o "Tablero del Río", y en el cual los números están dispuestos en "cruzado", es referido a Fo-hi y al dragón como el *Lo-chou* lo es a Yu el Grande y a la tortuga.

[245] Estamos obligados a conservar esta denominación porque no tenemos otra mejor a nuestra disposición, pero tiene el inconveniente de no indicar más que un uso muy especial (en conexión con la fabricación de los talismanes) de los cuadrados numéricos de este género, cuya propiedad esencial es la de que los números contenidos en todas las líneas verticales y horizontales, así como en las dos diagonales, dan siempre la misma suma; en el caso considerado aquí, esa suma es igual a 15.

[246] Si, en lugar de los números se coloca el símbolo *yin-yang* (Fig.9) en el centro y los ocho *koua* o trigramas en las demás regiones, se tiene, bajo una forma cuadrada o "terrestre", el equivalente del tablero de forma circular o "celeste" donde los *koua* se colocan habitualmente, ya sea según la disposición del "Cielo anterior" (*Sien-tien*), atribuida a Fo-hi, ya sea según la disposición del "Cielo posterior" (*Keou-tien*), atribuida a Wen-wang.

números[247], y que es efectivamente, como ya se ha visto más atrás, el número "central" de la Tierra, de igual modo que el 6 es el número "central" del Cielo[248]; la provincia central que corresponde a este número, y donde residía el Emperador, era llamada "Reino del Medio" (*Tchoung-kouo*[249]), y es desde ahí desde donde esta denominación habría sido extendida después a la China toda entera. Por lo demás, a decir verdad, no puede haber ninguna duda sobre este último punto, ya que, de igual modo que el "Reino del Medio" ocupaba en el Imperio una posición central, el Imperio mismo, en su conjunto, podía ser concebido desde el origen como ocupando en el mundo una posición semejante; y esto parece resultar también del hecho mismo de que estaba constituido de manera que formaba, como lo hemos dicho hace un momento, una imagen del Universo. En efecto, la significación fundamental de este hecho, es que todo está contenido en realidad en el centro, de suerte que se debe reencontrar en él, de una cierta manera y en "arquetipo", si se puede expresar así, todo lo que se encuentra en el conjunto

---

[247] El producto de 5 por 9 es 45, que es la suma del conjunto de los nueve números contenidos en el cuadrado, número de los cuales es el "medio".

[248] Recordaremos a este propósito que 5 + 6 = 11 expresa la "unión central del Cielo y de la Tierra". — En el cuadrado, las parejas de números opuestos tienen todos por suma 10 = 5 x 2. Hay lugar a precisar aún que los números impares o *yang* están colocados en el medio de los lados (puntos cardinales), formando una cruz (aspecto dinámico), y que los números pares o *yin* están colocados en los ángulos (puntos intermediarios), delimitando el cuadrado en sí mismo (aspecto estático).

[249] Cf. el reino de *Mide* o del "Medio" en la antigua Irlanda, pero éste estaba rodeado solo de otros cuatro reinos correspondientes a los cuatro puntos cardinales (*El Rey del Mundo*, cap. IX).

del Universo; de esta manera, podía haber así, a una escala cada vez más reducida, toda una serie de imágenes semejantes[250] dispuestas concéntricamente, una escala que concluía finalmente en el punto central mismo donde residía el Emperador[251], que, así como lo hemos dicho precedentemente, ocupaba el lugar del "hombre verdadero" y desempeñaba su función como "mediador" entre el Cielo y la Tierra[252].

Por lo demás, es menester no sorprenderse de esta situación "central" atribuida al Imperio chino en relación al mundo entero; de hecho, fue siempre la misma cosa para toda región donde estaba establecido el centro espiritual de una tradición. En efecto, este centro era una emanación o un reflejo del centro espiritual supremo, es decir, del centro de la Tradición primordial de la que todas las formas tradicionales regulares se derivan por adaptación a circunstancias particulares de tiempo y de lugar, y, por consiguiente, estaba constituido a la imagen de este centro supremo al que se

---

[250] Esta palabra debe tomarse aquí en el sentido preciso que tiene en geometría el término de "figuras semejantes".

[251] Este punto era, no precisamente *centrum in trigono centri*, según una fórmula conocida en las iniciaciones occidentales, sino, de una manera equivalente, *centrum in quadrato centri*.

[252] Se pueden encontrar otros ejemplos tradicionales de una semejante "concentración" por grados sucesivos, y ya hemos dado en otra parte uno que pertenece a la Kabbala hebraica: "El Tabernáculo de la Santidad de *Jehovah*, la residencia de la *Shekinah*, es el Santo de los Santos que es el corazón del Templo, que es él mismo el centro de Sión (Jerusalén), como la santa Sión es el centro de la Tierra de Israel, como la Tierra de Israel es el centro del mundo" (cf. *El Rey del Mundo*, cap. VI).

identificaba en cierto modo virtualmente[253]. Por eso es por lo que la región misma que poseía un tal centro espiritual, cualquiera que fuera, era una "Tierra Santa", y, como tal, era designada simbólicamente por denominaciones tales como las de "Centro del Mundo" o "Corazón del Mundo", lo que era en efecto para aquellos que pertenecían a la tradición de la que ella era la sede, y a quienes la comunicación con el centro espiritual supremo era posible a través del centro secundario correspondiente a esa tradición[254]. El lugar donde este centro estaba establecido estaba destinado a ser, según el lenguaje de la Kabbala hebraica, el lugar de manifestación de la *Shekinah* o "presencia divina"[255], es decir, en términos extremo orientales, el punto donde se refleja la "Actividad del Cielo", y que es propiamente, como ya lo hemos visto, el "Invariable Medio", determinado por el encuentro del "Eje

---

[253] Ver *El Rey del Mundo*, y también *Apercepciones sobre la Iniciación*, cap. X.

[254] Hemos dado hace un momento un ejemplo de una tal identificación con el "Centro del Mundo" en lo que concierne a la Tierra de Israel; se puede citar también, entre otros, el ejemplo del antiguo Egipto: según Plutarco, "los Egipcios dan a su región el nombre de *Chêmia* (*Kêmi* o "tierra negra", de donde ha venido el nombre de la alquimia), y la comparan a un corazón" (*Isis y Osiris*, 33; traducción de Mario Meunier, p. 116); esta comparación, cualesquiera que sean las razones geográficas u otras que se le hayan podido dar exotéricamente, no se justifica en realidad más que por una asimilación al verdadero "Corazón del Mundo".

[255] Ver *El Rey del Mundo*, cap. III, y *El Simbolismo de la Cruz*, cap. VII. — Es esto lo que era el Templo de Jerusalem para la tradición hebraica, y es por eso por lo que el Tabernáculo o el Santo de los Santos era llamado *mishkan* o "habitáculo divino"; solo el Sumo Sacerdote podía penetrar en él para desempeñar, como el Emperador en China, la función de "mediador".

del Mundo" con el dominio de las posibilidades humanas[256]; y lo que es particularmente importante de notar a este respecto, es que la *Shekinah* era representada siempre como "Luz", del mismo modo que el "Eje del Mundo", así como ya lo hemos indicado, era asimilado simbólicamente a un "rayo luminoso".

Hemos dicho hace un momento que, como el Imperio chino representaba en su conjunto, por la manera en que estaba constituido y dividido, una imagen del Universo, una imagen semejante debía encontrarse en el lugar central que era la residencia del Emperador, y ello era efectivamente así: era el *Ming-tang*, que algunos sinólogos, al no ver en él más que su carácter más exterior, han llamado la "Casa del Calendario", pero cuya designación, en realidad, significa literalmente "Templo de la Luz", lo que se relaciona inmediatamente con la precisión que acabamos de hacer en último lugar[257]. El carácter *ming* está compuesto de los dos

---

[256] La determinación de un lugar susceptible de corresponder efectivamente a este "Invariable Medio" dependía esencialmente de la ciencia tradicional que ya hemos designado en otras ocasiones bajo el nombre de "geografía sagrada".

[257] Hay lugar para aproximar el sentido de esta designación del *Ming-tang* a la significación idéntica que está incluida en el término "Logia", así como lo hemos indicado en otra parte (*Apercepciones sobre la Iniciación*, cap. XLVI), de donde la expresión masónica de "lugar muy iluminado y muy regular" (cf. *El Rey del Mundo*, cap. III). Por otra parte, el *Ming-tang* y la Logia son uno y la otra imágenes del Cosmos (*Loka*, en el sentido etimológico de este término sánscrito), considerado como el dominio o el "campo" de manifestación de la Luz (ver *El Reino de la Cantidad y los Signos de los Tiempos*, cap. III). — Es menester aún agregar aquí que el *Ming-tang* está figurado en los locales de iniciación de la Tien-ti-houei (cf. B. Favre, *Les Sociétés secrètes en Chine*, pp. 138-139 y 170); una de las divisas principales de ésta es: "Destruir la obscuridad (*tsing*), restaurar la luz (*ming*)", de igual modo que los Maestros Masones deben trabajar en "difundir la

caracteres que representan el Sol y la Luna; expresa así la luz en su manifestación total, bajo sus dos modalidades directa y reflejada a la vez, ya que, aunque la luz en sí misma sea esencialmente *yang*, debe, para manifestarse, revestir, como todas las cosas, dos aspectos complementarios que son *yang* y *yin* uno en relación al otro, y que corresponden respectivamente al Sol y a la Luna[258], puesto que, en el dominio de la manifestación, el *yang* nunca está sin el *yin* ni el *yin* sin el *yang*[259].

El plano del *Ming-tang* era conforme al que hemos dado más atrás para la división del Imperio (Fig. 16), es decir, que comprendía nueve salas dispuestas exactamente como las nueve provincias; solamente, el *Ming-tang* y sus salas, en lugar

---

luz y juntar lo que está disperso"; la aplicación que se ha hecho de ella en los tiempos modernos en las dinastías *Ming* y *Tsing*, por "homofonía", no representa más que una meta contingente y temporaria asignada a ciertas "emanaciones" exteriores de esta organización, "emanaciones" que trabajan en el dominio de las actividades sociales e incluso políticas.

[258] Son, en la tradición hindú, los dos ojos de *Vaishwânara*, que están en relación respectivamente con las dos corrientes sutiles de la derecha y de la izquierda, es decir, con los dos aspectos *yang* y *yin* de la fuerza cósmica de que hemos hablado más atrás (cf. *El Hombre y su devenir según el Vêdânta*, cap. XIII y XXI); la tradición extremo oriental los designa también como el "ojo del día" y el "ojo de la noche", y apenas hay necesidad de hacer observar que el día es *yang* y la noche *yin*.

[259] Ya nos hemos explicado ampliamente en otra parte sobre la significación propiamente iniciática de la "Luz" (*Apercepciones sobre la Iniciación*, concretamente, cap. IV, XLVI y XLVII); a propósito de la Luz y de su manifestación "central", recordaremos también aquí lo que ha sido indicado más atrás al respecto del simbolismo de la Estrella resplandeciente, que representa al hombre regenerado que reside en el "Medio" y que está colocado entre la escuadra y el compás que, como la base y el techo del *Ming-tang*, corresponden respectivamente a la Tierra y al Cielo.

de ser cuadrados perfectos, eran rectángulos más o menos alargados, variando la relación de los lados de estos rectángulos según las diferentes dinastías, de igual modo que la altura del mástil del carro de que hemos hablado precedentemente, en razón de la diferencia de los períodos cíclicos con los que estas dinastías estaban puestas en correspondencia; no entraremos aquí en los detalles sobre este tema, ya que al presente lo único que nos importa es el principio[260]. El *Ming-tang* tenía doce aberturas hacia el exterior, tres sobre cada uno de sus cuatro lados, de suerte que, mientras que las salas del medio de los lados no tenían más que una sola abertura, las salas de ángulo tenían dos cada una; y estas doce aberturas correspondían a los doce meses del año: las de la fachada oriental a los tres meses de primavera, las de la fachada meridional a los tres meses de verano, las de la fachada occidental a los tres meses de otoño, y las de la fachada septentrional a los tres meses de invierno. Estas doce aberturas formaban pues un Zodíaco[261]; correspondían exactamente así a las doce puertas de la "Jerusalén celeste" tal como se describe en el Apocalipsis[262], y

---

[260] Para estos detalles, uno podrá ver M. Granet, *La Pensée chinoise*, pp. 250-275.
— La delimitación ritual de un área tal como la del *Ming-tang* constituía propiamente la determinación de un *templum* en el sentido primitivo y etimológico de este término (cf. *Apercepciones sobre la Iniciación*, cap. XVII).
[261] Hablando propiamente, esta disposición en cuadrado representa una proyección terrestre del Zodíaco celeste dispuesto circularmente.
[262] Cf. *El Rey del Mundo*, cap. XI, y *El Reino de la Cantidad y los Signos de los Tiempos*, cap. XX. — El plano de la "Jerusalén celeste" es igualmente cuadrado.

que es también a la vez el "Centro del Mundo" y una imagen del Universo bajo la doble relación espacial y temporal[263].

El Emperador llevaba a cabo en el *Ming-tang*, en el curso del ciclo anual, una circumambulación en el sentido "solar" (ver Fig. 14), colocándose sucesivamente en las doce estaciones correspondientes a las doce aberturas, donde promulgaba las ordenanzas (*yue-ling*) convenientes a los doce meses; se identificaba así sucesivamente a los "doce soles", que son los doce *âdityas* de la tradición hindú, y también los "doce frutos del Árbol de la Vida" en el simbolismo apocalíptico[264]. Esta circumambulación se efectuaba siempre con retorno al centro, marcando así el medio del año[265], de igual modo que, cuando visitaba el Imperio, recorría las provincias en un orden correspondiente y volvía luego a su residencia central, y de igual modo también que, según el simbolismo extremo oriental, el Sol, después del recorrido de un período cíclico (ya se trate de un día, de un mes o de un año), vuelve a reposarse sobre su árbol, que, como el "Árbol de la Vida" colocado en el centro del "Paraíso terrestre" y de

---

[263] Por lo demás, el tiempo es "cambiado en espacio" al final del ciclo, de suerte que todas sus fases deben considerarse entonces en simultaneidad (cf. *El Reino de la Cantidad y los Signos de los Tiempos*, cap. XXIII).

[264] Cf. *El Rey del Mundo*, cap. IV y XI, y *El Simbolismo de la Cruz*, cap. IX.

[265] Este medio del año se situaba en el equinoccio de otoño cuando el año comenzaba en el equinoccio de primavera, como fue generalmente en la tradición extremo oriental (aunque haya habido cambios, a este respecto, en algunas épocas, cambios que han debido corresponder a los cambios de orientación de que hemos hablado más atrás), lo que es por lo demás normal en razón de la localización geográfica de esta tradición, puesto que el Oriente corresponde a la primavera; recordaremos a este propósito que el eje Este-Oeste es un eje equinoccial, mientras que el eje Norte-Sur es un eje solsticial.

la "Jerusalén celeste", es una figuración del "Eje del Mundo". Se debe ver bastante claramente que, en todo esto, el Emperador aparecía propiamente como el "regulador" del orden cósmico mismo, lo que, por lo demás, supone la unión, en él o por su medio, de las influencias celestes y de las influencias terrestres, que, así como ya lo hemos indicado más atrás, corresponden también respectivamente, de una cierta manera, a las determinaciones temporales y espaciales que la constitución del *Ming-tang* ponía en relación directa las unas con las otras.

Capítulo XVII

El "Wang" o el Rey Pontífice

Fig. 17

Nos quedan todavía que desarrollar otras consideraciones para acabar de hacer comprender lo que, en la tradición extremo oriental, es la función real, o al menos lo que se tiene el hábito de traducir así, pero de una manera que es notoriamente insuficiente, ya que, si el *Wang* es efectivamente el Rey, en el sentido propio de esta palabra, es también otra cosa al mismo tiempo. Por lo demás, eso resulta del simbolismo mismo del carácter *wang* (Fig. 17), que está compuesto de tres trazos horizontales que figuran respectivamente, como los de los trigramas de que hemos hablado más atrás, el Cielo, El Hombre y la Tierra, y unidos además, en su medio, por un trazo vertical, ya que, dicen los etimologistas, "la función del Rey es unir", por lo cual es menester entender ante todo, en razón de la posición misma del trazo vertical, unir el Cielo y la Tierra. Así pues, lo que este carácter designa propiamente, es el Hombre en tanto que término mediano de la Gran Tríada, y considerado especialmente en su papel de "mediador"; para mayor precisión todavía, agregaremos que el Hombre no debe ser considerado aquí solo como el "hombre primordial", sino como el "Hombre Universal" mismo, ya que el trazo vertical no es otro que el eje que une efectivamente entre ellos todos los estados de existencia, mientras que el centro donde se sitúa el "hombre primordial", y que está marcado en el carácter por el punto de encuentro del trazo vertical con el trazo mediano horizontal, en el medio de éste, no se refiere más que a un solo estado, que es el estado individual humano[266]; además, la parte del carácter que se refiere propiamente al Hombre, que comprende el trazo vertical y el trazo mediano horizontal (puesto que los dos trazos superior e inferior representan el Cielo y la Tierra), forma la cruz, es decir, el símbolo mismo del "Hombre Universal"[267]. Por otra parte, esta identificación del *Wang* al "Hombre Universal" se encuentra confirmada aún por textos tales como este pasaje de Lao-tseu: "La Vía es grande; el Cielo

---

[266] M. Granet parece no haber comprendido nada de las relaciones del eje y del centro, ya que escribe: "La noción de centro está lejos de ser primitiva; ella ha sustituido a la noción de eje" (*La Pensée chinoise*, p. 104). En realidad, los dos símbolos han coexistido siempre, ya que no son de ningún modo equivalentes y, por consiguiente, no pueden sustituir uno al otro; hay ahí un buen ejemplo de las equivocaciones a las que puede concluir la toma de partido por querer considerarlo todo "históricamente".

[267] Por esta razón, es por esta cruz por lo que hemos representado el término mediano de la Tríada en la figura 6.

es grande; la Tierra es grande; el Rey también es grande. En el medio, hay por tanto cuatro cosas grandes, pero el Rey es el único visible"[268].

Así pues, si el *Wang* es esencialmente el "Hombre Universal", el que le representa y desempeña su función debería, en principio al menos, ser un "hombre transcendente", es decir, debería haber realizado la meta final de los "misterios mayores"; y es en tanto que tal como puede, así como ya lo hemos indicado más atrás, identificarse efectivamente a la "Vía Central" o "Vía del Medio" (*Tchoung-Tao*), es decir, al eje mismo, ya sea que este eje sea representado por el mástil del carro, por el pilar central del *Ming-tang* o por cualquier otro símbolo equivalente. Al haber desarrollado todas sus posibilidades tanto en el sentido vertical como en el sentido horizontal, él es por eso mismo el "Señor de los tres mundos"[269], que pueden ser representados también por los tres trazos horizontales del carácter *wang*[270];

---

[268] *Tao-te-king*, cap. XXV. — Precisaremos de pasada que este texto bastaría por sí solo para refutar la opinión de aquellos orientalistas que, tomándolo todo en un sentido "material" y confundiendo el símbolo con la cosa simbolizada, se imaginan que el Cielo y la Tierra de la tradición extremo oriental no son otra cosa que el cielo y la tierra visibles.

[269] Cf. *El Rey del Mundo*, cap. IV.— Si se quieren observar a este respecto puntos de comparación entre diversas tradiciones, se puede precisar que es en esta cualidad como Hermes, que por lo demás es representado como "rey" y "pontífice" a la vez, es llamado *trismegistos* o "tres veces grandísimo"; se puede aproximar también a esta designación la de "tres veces poderoso", empleada en los "grados de perfección" de la Masonería escocesa, y que implica propiamente la delegación de un poder que debe ejercerse en los tres mundos.

[270] Para eso basta con un cambio de punto de vista que corresponde a lo que hemos explicado precedentemente sobre el tema del *Tribhuvana* comparado a la Tríada extremo oriental.

y es también, en relación al mundo humano en particular, el "Hombre Único" que sintetiza en él y expresa integralmente la Humanidad (considerada a la vez como naturaleza específica, desde el punto de vista cósmico, y como colectividad de los hombres, desde el punto de vista social), de igual modo que la Humanidad, a su vez, sintetiza en ella los "diez mil seres", es decir, la totalidad de los seres de este mundo[271]. Por eso es por lo que, como ya lo hemos visto, él es el "regulador" del orden cósmico tanto como del orden social[272]; y, cuando desempeña la función de "mediador", en realidad son todos los hombres los que la desempeñan en su persona: así, en China, solo el *Wang* o el Emperador podía cumplir los ritos públicos correspondientes a esta función, y, concretamente, ofrecer el sacrificio al Cielo que es el tipo mismo de estos ritos, ya que es ahí donde el papel del "mediador" se afirma de la manera más manifiesta[273].

---

[271] Se observará que la cualidad de "Señor de los tres Mundos" corresponde aquí al sentido vertical, y la de "Hombre Único" corresponde al sentido horizontal.

[272] La palabra *rex*, "rey", expresa etimológicamente la función "reguladora", pero ordianriamente se aplica solo al punto de vista social.

[273] De hecho, el sacrificio al Cielo es ofrecido también en el interior de las organizaciones iniciáticas, pero, puesto que ahí no se trata de ritos públicos, no hay en eso ninguna "usurpación"; así pues, los Emperadores, cuando ellos mismos eran iniciados, no podían tener más que una sola actitud, que era ignorar oficialmente esos sacrificios, y es esto lo que hicieron en efecto; pero cuando no fueron en realidad más que simples profanos, se esforzaron a veces en impedirlos, más o menos vanamente por lo demás, porque no podían comprender que otros fueran efectiva y "personalmente" lo que ellos mismos no eran más que de una manera simbólica y únicamente en el ejercicio de la función tradicional de que estaban investidos.

En tanto que el *Wang* se identifica al eje vertical, éste es designado como la "Vía Real" (*Wang-Tao*); pero, por otra parte, este mismo eje es también la "Vía del Cielo" (*Tien-Tao*), como se ve por la figura en la que la vertical y la horizontal representan respectivamente el Cielo y la Tierra (Fig. 7), de suerte que, en definitiva, la "Vía Real" es idéntica a la "Vía del Cielo"[274]. Por lo demás, el *Wang* no es realmente tal más que si posee el "mandato del Cielo" (*Tien-ming*)[275], en virtud del cual es reconocido legítimamente como su Hijo (*Tien-tseu*)[276]; y este mandato no puede ser recibido de otro modo que según el eje considerado en sentido descendente, es decir, en sentido inverso y recíproco de aquel en el que se ejercerá la función "mediadora", puesto que esa es la dirección única e invariable según la cual se ejerce la "Actividad del Cielo". Ahora bien, esto supone, si no necesariamente la cualidad de "hombre transcendente", sí al menos la de "hombre verdadero", que reside efectivamente

---

[274] A propósito de la "Vía del Cielo", citaremos este texto del *Yi-king*: "Poner de pie la Vía del Cielo se llama *yin* con *yang*; poner de pie la Vía de la Tierra se llama blando (*jeou*) con duro (*jo*); poner de pie la Vía del Hombre se llama humanidad con justicia (o bondad con equidad)". Aplicada a los tres términos de la Gran Tríada, es la neutralización y la unificación de los complementarios, por la que se obtiene el retorno a la indistinción principial. — Hay que precisar que los dos complementarios que se refieren al Hombre coinciden exactamente con las dos columnas laterales del Árbol sefirótico de la Kabbala (Misericordia y Rigor).

[275] La palabra *ming*, "mandato", es homófona de la que significa "luz", y también de otras palabras que significan "nombre" y "destinado". — "El poder del Soberano deriva del poder del Principio; su persona es escogida por el Cielo" (*Tchoang-tseu*, XII).

[276] Aquí nos remitiremos a lo que hemos expuesto más atrás sobre el Hombre como "Hijo del Cielo y de la Tierra".

en el "Invariable Medio", ya que es solo en este punto central donde el eje encuentra el dominio del estado humano[277].

Según un simbolismo común a la mayoría de las tradiciones, este eje es también el "puente" que une, ya sea la Tierra con el Cielo como aquí, ya sea el estado humano a los estados supraindividuales, o también el mundo sensible al mundo suprasensible; en todo esto, en efecto, de lo que se trata es siempre del "Eje del Mundo", pero considerado en su totalidad o solo en algunas de sus porciones, más o menos extensas, según el grado de mayor o menor universalidad en el que se tome este simbolismo en los diferentes casos; por lo demás, con eso se ve que este "puente" debe ser concebido como esencialmente vertical[278], y éste es un punto importante sobre el que volveremos quizás en algún otro estudio. Bajo este aspecto, el *Wang* aparece propiamente como el *Pontifex*, en el sentido rigurosamente etimológico de esta palabra[279]; más precisamente todavía, debido al hecho de su identificación con el eje, es a la vez "el que hace el puente" y el "puente" mismo; y, por lo demás, se podría decir que este "puente", por el que se opera la comunicación con los estados

---

[277] Por lo demás, se admite que el "mandato del Cielo" puede no ser recibido directamente más que por el fundador de una dinastía, que le transmite después a sus sucesores; pero, si se produce una degeneración tal que éstos llegan a perderlo por falta de "cualificación", esta dinastía debe acabar y ser reemplazada por otra; hay así, en la existencia de cada dinastía, una marcha descendente que, en su grado de localización en el tiempo y en el espacio, corresponde de una cierta manera a la de los grandes ciclos de la humanidad terrestre.

[278] Cf. Eç-Çirâtul-mustaqîm en la tradición islámica (ver *El Simbolismo de la Cruz*, cap. XXV); pueden citarse aquí, entre otros ejemplos, el puente *Chinvat* del mazdeísmo.

[279] Cf. *Autoridad espiritual y poder temporal*, cap. IV.

superiores, y a través de ellos con el Principio mismo, no puede ser establecido verdaderamente más que por la mediación de aquel que se identifica a él de una manera efectiva. Por eso es por lo que pensamos que la expresión de "Rey-Pontífice" es la única que puede traducir convenientemente el término *Wang*, porque es la única que expresa completamente la función que implica; y se ve así que esta función presenta un doble aspecto, ya que es a la vez, en realidad, una función sacerdotal y una función real[280].

Por lo demás, esto se comprende fácilmente, ya que, si el *Wang* no es un "hombre transcendente", como debe serlo en principio, sino solo un "hombre verdadero", llegado al término de los "misterios menores", no obstante, por la situación "central" que ocupa desde entonces efectivamente, él está más allá de la distinción de los dos poderes espiritual y temporal; se podría decir incluso, en términos de

---

[280] Alguien se podría preguntar por qué no decimos más bien "Pontífice-Rey", lo que parecería sin duda más lógico a primera vista, puesto que la función "pontifical" o sacerdotal es superior por su naturaleza a la función real, y puesto que así se marcaría su preeminencia al designarla la primera; no obstante, si preferimos decir "Rey-Pontífice", es porque, al enunciar la función real antes que la función sacerdotal (lo que, por lo demás, se hace comúnmente y sin pensar en ello cuando se habla de los "Reyes-Magos"), seguimos el orden tradicional de que hemos hablado a propósito del término *yin-yang*, y que consiste en expresar lo "exterior" antes que lo "interior", ya que la función real es evidentemente de orden más exterior que la función sacerdotal; por lo demás, en sus relaciones entre ellos, el sacerdocio es *yang* y la realeza es *yin*, como A. K. Coomaraswamy lo ha mostrado muy bien en su obra *Spiritual Authority and Temporal Power in the Indian Theory of Government*, y como lo indica también, en el simbolismo de las llaves, la posición respectivamente vertical y horizontal de las que representan estas dos funciones, así como el hecho de que la primera es de oro, que corresponde al Sol, y la segunda de plata, que corresponde a la Luna.

simbolismo "cíclico", que él es "anterior" a esta distinción, puesto que está reintegrado al "estado primordial", donde ninguna función especial está todavía diferenciada, sino que contiene en él las posibilidades que corresponden a todas las funciones, por eso mismo de que es la plenitud integral del estado humano[281]. En todos los casos, e incluso cuando no es más que simbólicamente el "Hombre Único", lo que él representa, en virtud del "mandato del Cielo"[282], es la fuente misma o el principio común de estos dos poderes, principio del que la autoridad espiritual y la función sacerdotal derivan directamente, y el poder temporal y la función real indirectamente y por su mediación; en efecto, este principio puede llamarse propiamente "celeste", y desde ahí, por el sacerdocio y la realeza, las influencias espirituales descienden gradualmente, según el eje, primero al "mundo intermediario", y después al mundo terrestre mismo[283].

Así pues, cuando el *Wang* que ha recibido el "mandato del Cielo" directa o indirectamente, se identifica al eje considerado en el sentido ascendente, ya sea como en el

---

[281] Cf. *Autoridad espiritual y poder temporal*, cap. I, y también, sobre la "escalada" del ciclo hasta el "estado primordial" en los "misterios menores", *Apercepciones sobre la Iniciación*, cap. XXXIX.

[282] Él posee entonces ese mandato por transmisión, como ya lo hemos indicado precedentemente, y es lo que le permite, en el ejercicio de su función, ocupar el lugar del "hombre verdadero" e incluso del "hombre transcendente", aunque no haya realizado "personalmente" los estados correspondientes. — En eso hay algo comparable a la transmisión de la influencia espiritual o *barakah* en las organizaciones iniciáticas islámicas: por esta transmisión, un *Khalîfah* puede ocupar el lugar del *Sheikh* y desempeñar válidamente su función, sin haber llegado efectivamente al mismo estado espiritual que éste.

[283] Cf. *Autoridad espiritual y poder temporal*, cap. IV.

primer caso, efectivamente y por sí mismo (y recordaremos aquí los ritos que representan esta ascensión y que hemos mencionado precedentemente), ya sea como en el segundo caso, virtualmente y solo por el cumplimiento de su función (y es evidente que, concretamente, un rito tal como el del sacrificio al Cielo actúa en una dirección "ascensional"), deviene por así decir el "canal" por el que las influencias descienden del Cielo hacia la Tierra[284]. Se ve aquí, en la acción de estas influencias espirituales, un doble movimiento alternativo, sucesivamente ascendente y descendente, al que corresponde, en el orden inferior de las influencias psíquicas o sutiles, la doble corriente de la fuerza cósmica de que hemos hablado más atrás; pero es menester tener buen cuidado de precisar que, en lo que concierne a las influencias espirituales, este movimiento se efectúa según el eje mismo o la "Vía del Medio", ya que, como lo dice el *Yi-king*, "la Vía del Cielo es *yin* con *yang*", estando entonces los dos aspectos complementarios indisolublemente unidos en esta misma dirección "central", mientras que, en el dominio psíquico, que está más alejado del orden principial, la diferenciación del *yang* y del *yin* determina la producción de dos corrientes distintas, representadas por los diversos símbolos de los que ya hemos hablado, y que pueden ser descritas como ocupando

---

[284] Al hablar aquí de "canal", hacemos alusión a un simbolismo que se encuentra expresamente en diferentes tradiciones; recordaremos a este respecto, no solamente los *nâdîs* o "canales" por los que, según la tradición hindú, las corrientes de la fuerza sutil circulan en el ser humano, sino también y sobre todo, en la Kabbala hebraica, los "canales" del árbol sefirótico, por los que, precisamente, las influencias espirituales se difunden y se comunican de un mundo a otro.

respectivamente la "derecha" y la "izquierda" en relación a la "Vía del Medio"[285].

---

[285] La "Vía del Medio" corresponde, en el orden "microcósmico", a la arteria sutil *sushumnâ* de la tradición hindú, que acaba en el *Brahma-randhra* (representado por el punto donde el mástil del carro sale del palio, o el pilar central del *stûpa* de la cúpula), y, en el orden "macrocósmico", al "rayo solar" llamado igualmente *sushumna* y con el que esta arteria está en comunicación constante; las dos corrientes contrarias de la fuerza cósmica tiene como correspondencia en el ser humano, como ya lo hemos dicho, las dos *nâdîs* de la derecha y de la izquierda, *idâ* y *pingalâ* (cf. *El Hombre y su devenir según el Vêdânta*, cap. XX). — Se podría hacer también una aproximación con la distinción de las dos "vías" tántricas de la derecha y de la izquierda de las que hemos hablado a propósito del *vajra*, y que, siendo representadas por una simple inclinación del símbolo axial en un sentido o en el otro, aparecen así como no siendo en realidad más que especificaciones secundarias de la "Vía del Medio".

Capítulo XVIII

EL HOMBRE VERDADERO
Y EL HOMBRE TRANSCENDENTE

En lo que precede, hemos hablado constantemente del "hombre verdadero" y del "hombre transcendente", pero nos es menester aportar todavía a este respecto algunas precisiones complementarias; y, en primer lugar, haremos observar que el "hombre verdadero" mismo (*tchenn-jen*) ha sido llamado por algunos "hombre transcendente", aunque esta designación es más bien impropia, puesto que el "hombre verdadero" es solo el que ha alcanzado la plenitud del estado humano, y puesto que no puede llamarse verdaderamente "transcendente" más que a lo que está más allá de este estado. Por eso es por lo que conviene reservar esta denominación de "hombre transcendente" a aquel que se ha llamado a veces "hombre divino" u "hombre espiritual" (*cheun-jen*), es decir, a aquel que, habiendo llegado a la realización total y a la "Identidad Suprema", ya no es, hablando propiamente, un hombre, en el sentido individual de esta palabra, puesto que ha rebasado la humanidad y está enteramente liberado de sus condiciones específicas²⁸⁶, así como de todas las demás condiciones limitativas de cualquier estado de existencia sea el que sea²⁸⁷. Así pues, ese ha devenido efectivamente el "Hombre Universal", mientras que ello no es así para el "hombre verdadero", que solo se ha identificado de hecho al "hombre primordial"; no obstante, se puede decir que éste es ya, al menos virtualmente, el "Hombre Universal", en el sentido de que, desde que ya no tiene que recorrer otros estados en modo distintivo, puesto que ha pasado de la circunferencia al centro²⁸⁸, el estado humano deberá ser para él necesariamente el estado central del ser total, aunque no lo sea todavía de una manera efectiva²⁸⁹.

El "hombre transcendente" y el "hombre verdadero", que corresponden respectivamente al término de los "misterios mayores" y al de los "misterios menores", son los dos grados más altos de la jerarquía taoísta; esta comprende además otros tres grados inferiores a estos²⁹⁰, que representan naturalmente

---

[286] Remitimos aquí a lo que se ha dicho más atrás de la especie a propósito de las relaciones del ser y del medio.

[287] "En el cuerpo de hombre, ya no es un hombre... Infinitamente pequeño es aquello por lo que todavía es un hombre (la "huella" de la que hablaremos más adelante), infinitamente grande es aquello por lo que es uno con el Cielo" (*Tchoang-tseu*, cap. V).

[288] Es lo que expresa el budismo por el término *anâgamî*, es decir, "el que no retorna" a otro estado de manifestación (cf. *Apercepciones sobre la Iniciación*, cap. XXXIX).

[289] Cf. *El Simbolismo de la Cruz*, cap. XXVIII.

[290] Estos grados se encuentran mencionados concretamente en un texto taoísta que data del siglo IV o V de la era cristiana (*Wen-tseu*, VII, 18).

etapas contenidas en el curso de los "misterios menores"[291], y que son, en el orden descendente, el "hombre de la Vía", es decir, el que está en la Vía (*Tao-jen*), el "hombre dotado" (*tcheu-jen*), y, finalmente, el "hombre sabio" (*cheng-jen*), pero de una "sabiduría" que, aunque es algo más que la "ciencia", todavía no es más que de orden exterior. En efecto, este grado más bajo de la jerarquía taoísta coincide con el grado más elevado de la jerarquía confucionista, estableciendo así la continuidad entre ellas, lo que es conforme a las relaciones normales del Taoísmo y del Confucionismo en tanto que constituyen respectivamente el lado esotérico y el lado exotérico de una misma tradición: el primero tiene así su punto de partida allí mismo donde se detiene el segundo. Por su parte, la jerarquía confucionista comprende tres grados, que son, en el orden ascendente, el "letrado" (*cheu*)[292], el "docto" (*hien*) y el "sabio" (*cheng*); y se dice: "El *cheu* mira (es decir, toma como modelo) al *hien*, el *hien* mira al *cheng* y el *cheng* mira al Cielo", ya que, desde el punto límite entre los dos dominios exotérico y esotérico donde éste último se encuentra situado, todo lo que está por encima de él se confunde en cierto modo, en su "perspectiva", con el Cielo mismo.

Este último punto es particularmente importante para nosotros, porque nos permite comprender como parece

---

[291] Se observará que, por el contrario, las etapas que pueden existir en los "misterios mayores" no se enuncian distintamente, ya que son propiamente "indescriptibles" en los términos del lenguaje humano.

[292] En este grado está comprendida toda la jerarquía de las funciones oficiales, que no corresponden así sino a lo más exterior que hay en el orden exotérico mismo.

producirse a veces una cierta confusión entre el papel del "hombre transcendente" y el del "hombre verdadero": en efecto, eso no se debe solo a que, como lo decíamos hace un momento, este último es virtualmente lo que el primero es efectivamente, ni a que hay, entre los "misterios menores" y los "misterios mayores", una cierta correspondencia que representa, en el simbolismo hermético, la analogía de las operaciones que acaban respectivamente en la "obra al blanco" y en la "obra al rojo; hay todavía ahí algo más. Es que el único punto del eje que se sitúa en el dominio del estado humano es el centro de este estado, de tal suerte que, para quien no ha llegado a este centro, el eje mismo no es perceptible directamente, sino solo por este punto que es su "huella" sobre el plano representativo de este dominio; en otros términos, esto equivale a lo que ya hemos dicho, a saber, que una comunicación directa con los estados superiores del ser, al efectuarse según el eje, no es posible más que desde el centro mismo; para el resto del dominio humano, no puede haber más que una comunicación indirecta, por una suerte de refracción a partir de este centro. Así, por una parte, el ser que está establecido en el centro, sin estar identificado al eje, puede desempeñar realmente, en relación al estado humano, el papel de "mediador" que el "Hombre Universal" desempeña para la totalidad de los estados; y, por otra parte, aquel que ha rebasado el estado humano, elevándose por el eje a los estados superiores, es por eso mismo "perdido de vista", si se puede expresar así, para todos aquellos que están en este estado y que todavía no han llegado a su centro, comprendidos aquellos que poseen grados iniciáticos efectivos, pero inferiores al grado del "hombre verdadero". Éstos no tienen desde entonces ningún medio de distinguir el "hombre transcendente" del "hombre verdadero", ya que, desde el estado humano, el "hombre transcendente" no puede ser apercibido más que por su "huella"[293], y esta "huella" es idéntica a la figura del "hombre verdadero"; por consiguiente, desde este punto de vista, uno es realmente indiscernible del otro.

Así, a los ojos de los hombres ordinarios, e incluso de los iniciados que no han acabado el curso de los "misterios menores", no solo el "hombre transcendente", sino también el "hombre verdadero", aparece como el "mandatario" o el representante del Cielo, que se manifiesta a ellos a través de él en cierto modo, ya que su acción, o más bien su influencia, por eso mismo que es "central" (y aquí el eje no se distingue del centro que es su "huella"), imita la "Actividad del Cielo", así como ya lo hemos explicado precedentemente, y la "encarna" por así decir al respecto del mundo humano. Esta influencia, que es "no-actuante", no implica ninguna acción exterior: desde el centro, el "Hombre Único", que ejerce la función del "motor inmóvil", ordena todas las cosas sin intervenir en ninguna, como el Emperador, sin salir del *Ming-tang*, ordena todas las regiones del Imperio y regula el curso del ciclo anual, ya que, "concentrarse en el no actuar, tal es la

---

[293] Esta "huella" es lo que se llamaría, en lenguaje tradicional occidental, *vestigium pedis*; no hacemos más que indicar este punto de pasada, ya que en eso hay todo un simbolismo que requeriría también amplios desarrollos.

Vía del Cielo"[294]. "Los antiguos soberanos, absteniéndose de toda acción propia, dejaban al Cielo gobernar por ellos... En el techo del Universo, el Principio influencia al Cielo y a la Tierra, los cuales transmiten a todos los seres esta influencia, que, devenida en el mundo de los hombres buen gobierno, hace manifestarse los talentos y las capacidades. En sentido inverso, toda prosperidad viene del buen gobierno, cuya eficacia deriva del Principio, por la intermediación del Cielo y de la Tierra. Por eso es por lo que, los antiguos soberanos no deseaban nada, y el mundo estaba en la abundancia[295]; no actuaban, y todas las cosas se modificaban según la norma[296]; permanecían abismados en su meditación, y el pueblo estaba en el orden más perfecto. Es lo que el adagio antiguo resume así: para aquel que se une a la Unidad, todo prospera; a aquel que no tiene ningún interés propio, incluso los genios le están sometidos"[297].

Así pues, se debe comprender que, desde el punto de vista humano, no haya ninguna distinción aparente entre el "hombre transcendente y el "hombre verdadero" (aunque en realidad no haya ninguna medida común entre ellos, como tampoco la hay entre el eje y uno de sus puntos), puesto que lo que les diferencia es precisamente lo que está más allá del

---

[294] *Tchoang-tseu*, cap. XII.
[295] Hay algo comparable a esto en la noción occidental del Emperador según la concepción de Dante, que ve en la "codicia" el vicio inicial de todo mal gobierno (cf., *Convito*, IV, 4).
[296] De igual modo, en la tradición hindú, el *Chakravartî* o "monarca universal" es literalmente "el que hace girar la rueda", sin participar él mismo en su movimiento.
[297] *Tchoang-tseu*, cap. XII.

estado humano, de suerte que, si se manifiesta en este estado (o más bien en relación a este estado, ya que es evidente que esta manifestación no implica de ningún modo un "retorno" a las condiciones limitativas de la individualidad humana), el "hombre transcendente" no puede aparecer en él de otro modo que como un "hombre verdadero"[298]. Por ello no es menos verdad, ciertamente, que, entre el estado total e incondicionado que es el del "hombre transcendente", idéntico al "Hombre Universal", y un estado condicionado cualesquiera, individual o supraindividual, por elevado que pueda ser, no es posible ninguna comparación cuando se los considera tal como son verdaderamente en sí mismos; pero aquí solo hablamos de lo que son las apariencias desde el punto de vista del estado humano. Por lo demás, de una manera más general y a todos los niveles de las jerarquías espirituales, que no son otra cosa que las jerarquías iniciáticas efectivas, solo a través del grado que le es inmediatamente superior cada grado puede percibir todo lo que está por encima de él indistintamente y recibir sus influencias; y, naturalmente, aquellos que han alcanzado un cierto grado pueden siempre, si así lo quieren y hay lugar a ello, "situarse" en no importa cuál grado inferior al suyo, sin ser de ningún modo afectados por este "descenso" aparente, puesto que poseen *a fortiori* y como "por añadidura" todos los estados correspondientes, que, en suma, ya no representan para ellos más que otras tantas "funciones" accidentales y

---

[298] Esto puede acabar de explicar lo que hemos dicho en otra parte a propósito de los Çûfîs y de los Rosa-Cruz (*Apercepciones sobre la Iniciación*, cap. XXXVIII).

contingentes[299]. Es así como el "hombre transcendente" puede desempeñar, en el mundo humano, la función que es propiamente la del "hombre verdadero", mientras que, por otra parte e inversamente, el "hombre verdadero" es en cierto modo, para este mismo mundo, como el representante o el "substituto" del "hombre transcendente".

---

[299] Cf. *Los Estados múltiples del ser*, cap. XIII. — "En toda constitución jerárquica, los órdenes superiores poseen la luz y las facultades de los órdenes inferiores, sin que éstos tengan recíprocamente la perfección de aquéllos" (San Dionisio el Areopagita, *De la Hiérarchie céleste*, cap. V).

Capítulo XIX

"Deuxs", "Homo", "Natura"

Compararemos todavía a la Gran Tríada extremo oriental otro ternario, que pertenece originalmente a las concepciones tradicionales occidentales, tales como existían en la edad media, y que, por lo demás, es conocido incluso en el orden exotérico y simplemente "filosófico": este ternario es el que se enuncia habitualmente por la fórmula *Deus, Homo, Natura*. Se ven generalmente en sus tres términos los objetos a los que pueden referirse los diferentes conocimientos que, en el lenguaje de la tradición hindú, se llamarían "no supremos", es decir, en suma, todo lo que no es el conocimiento metafísico puro y transcendente. Aquí, el término medio, es decir, el Hombre, es manifiestamente el mismo que en la Gran Tríada; pero nos es menester ver de qué modo y en qué medida los otros dos términos, designados como "Dios" y la "Naturaleza", corresponden respectivamente al Cielo y a la Tierra.

Primeramente, es menester subrayar bien que Dios, en este caso, no puede ser considerado como el Principio tal cual es en sí, ya que éste, al estar más allá de toda distinción, no puede entrar en correlación con nada, y la manera en que el ternario se presenta implica una cierta correlación, e incluso una suerte de complementarismo, entre Dios y la Naturaleza; así pues, se trata necesariamente de un punto de vista que se puede llamar más bien "inmanente" que "transcendente" en relación al Cosmos, del que estos dos términos son como los dos polos, y que, incluso si están fuera de la manifestación, no obstante no pueden ser considerados distintivamente más que desde el punto de vista de ésta. Por lo demás, en este conjunto de conocimientos que se designaba por el término general de "filosofía", según la acepción antigua de esta palabra, Dios era solo el objeto de lo que se llamaba "teología racional", para distinguirla de la "teología revelada", que, ciertamente, es también "no suprema", pero que representa al menos el conocimiento del Principio en el orden exotérico y específicamente religioso, es decir, en la medida en que es posible teniendo en cuenta a la vez los límites inherentes al dominio correspondiente y las formas especiales de expresión de las que la verdad debe revestirse para adaptarse a este punto de vista particular. Ahora bien, lo que es "racional", es decir, lo que no depende más que del ejercicio de las facultades individuales humanas, evidentemente no podría alcanzar de ninguna manera el Principio mismo, y, en las condiciones más favorables[300], no puede aprehender más que

---

[300] Estas condiciones son realizadas cuando se trata de un exoterismo tradicional auténtico, por oposición a las concepciones puramente profanas tales como las de la filosofía moderna.

su relación con el Cosmos[301]. Desde entonces, es fácil ver que, bajo la reserva de la diferencia de los puntos de vista que siempre hay que tener en cuenta en parecido caso, esto coincide precisamente con lo que es designado como Cielo por la tradición extremo oriental, puesto que, desde el Universo manifestado, el Principio, según ésta, no puede ser alcanzado de una cierta manera más que por y a través del Cielo[302], ya que "el Cielo es el instrumento del Principio"[303].

Por otra parte, si se entiende la Naturaleza en su sentido primero, es decir, como la Naturaleza primordial e indiferenciada que es la raíz de todas las cosas (la *Mûla-Prakriti* de la tradición hindú), no hay que decir que se

---

[301] Relación de subordinación del Cosmos al respecto del Principio, bien entendido, y no relación de correlación; importa precisarlo para evitar hasta la menor apariencia de contradicción con lo que hemos dicho un poco más atrás.

[302] Por eso es por lo que, según la "perspectiva" de la manifestación, el Principio aparece como el "techo del Cielo" (*Tien-ki*), así como lo hemos dicho precedentemente. — Es bastante curioso observar que los misioneros cristianos, cuando quieren traducir "Dios" en chino, lo hacen siempre, ya sea por *Tien*, ya sea por *Chang-ti*, el "Soberano de arriba", que es, bajo otra denominación, la misma cosa que el Cielo; esto parece indicar, probablemente sin que tengan claramente consciencia de ello, que, para ellos, el punto de vista "teológico" mismo, en el sentido más propio y más completo de esta palabra, no va realmente hasta el Principio; por lo demás, en eso se equivocan sin duda, pero en todo caso, con ello muestran las limitaciones efectivas de su propia mentalidad y su incapacidad de distinguir los diferentes sentidos que la palabra "Dios" puede tener en las lenguas occidentales, a falta de términos más precisos como los que existen en las tradiciones orientales. — En relación con *Chang-ti*, citaremos este texto: "Cielo y Soberano, es todo uno: se dice Cielo cuando se habla de su ser; se dice Soberano cuando se habla de su gobierno. Puesto que su ser es inmenso, se le llama Espléndido Cielo; puesto que la sede de su gobierno está arriba, se le llama Sublime Soberano" (Comentario de *Tcheou-li*).

[303] *Tchoang-tseu*, cap. XI.

identifica a la Tierra de la tradición extremo oriental; pero lo que aporta aquí una complicación, es que, cuando se habla de la Naturaleza como objeto de conocimiento, se la toma ordinariamente en un sentido menos estricto y más extenso que éste, y a ella se refiere el estudio de todo lo que se puede llamar la naturaleza manifestada, es decir, de todo lo que constituye el conjunto mismo del medio cósmico todo entero[304]. Se podría justificar esta extensión, hasta un cierto punto, diciendo que esta naturaleza es considerada entonces bajo el aspecto "substancial" más bien que bajo el aspecto "esencial", o que, como en el *Sânkhya* hindú, las cosas son consideradas en ella propiamente como las producciones de *Prakriti*, reservando por así decir la influencia de *Purusha*, sin la cual, no obstante, ninguna producción podría ser realizada efectivamente, ya que, partiendo solo de la potencia pura, evidentemente no podría pasar nada de la potencia al acto; en efecto, en esta manera de considerar las cosas, quizás hay un carácter inherente al punto de vista mismo de la "física" o "filosofía natural"[305]. No obstante, puede sacarse una justificación más completa de la precisión de que, en relación

---

[304] El empleo de la misma palabra "natura" en los dos sentidos, en las lenguas occidentales, aunque es inevitable, no deja de prestarse a algunas confusiones; en árabe, la Naturaleza primordial es *El-Fitrah*, mientras que la naturaleza manifestada es *et-tabiyah*.

[305] Tomamos aquí la palabra "física" en el sentido antiguo y etimológico de "ciencia de la naturaleza" en general; pero, en inglés, la expresión *natural philosophy*, que era originariamente sinónima de la primera, ha servido durante mucho tiempo en los tiempos modernos, y al menos hasta Newton, para designar incluso la "física" en el sentido restringido y "especializado" en el que se la entiende ordinariamente en nuestra época.

al hombre, el conjunto cósmico es considerado como formando el "mundo exterior"; en efecto, no se trata entonces más que de un simple cambio de nivel, si se puede decir, que responde más propiamente al punto de vista humano, ya que, de una manera relativa al menos, todo lo que es "exterior" puede llamarse "terrestre", del mismo modo que todo lo que es "interior" puede llamarse "celeste". Aquí podemos acordarnos también de lo que hemos expuesto sobre el tema del Azufre, del Mercurio y de la Sal: lo que es "divino", puesto que es necesariamente "interior" a todas las cosas[306], actúa, en relación al hombre, a la manera de un principio "sulfuroso"[307], mientras que lo que es "natural", puesto que constituye el "ambiente", juega por eso mismo el papel de un principio "mercurial", como ya lo hemos explicado al hablar de las relaciones del ser con el medio; y el hombre, producto de lo "divino" y de la "naturaleza" a la vez, se encuentra situado así, como la Sal, en el límite común de ese "interior" y de ese "exterior", es decir, en otros términos, en el punto donde se encuentran y equilibran las influencias celestes y las influencias terrestres[308].

Dios y la Naturaleza, considerados así como correlativos o como complementarios (y, bien entendido, es menester no perder de vista lo que hemos dicho al comienzo sobre la

---

[306] A este propósito, se podrá recordar la palabra del Evangelio: *Regnum Dei intra vos est*.

[307] Volvemos a encontrar aquí el doble sentido de la palabra griega *theion*.

[308] Naturalmente, estas consideraciones, que dependen propiamente del hermetismo, van mucho más lejos que la simple filosofía exotérica; pero ésta tiene en efecto necesidad, por eso mismo de que es exotérica, de ser justificada por algo que la rebasa.

manera limitada en que el término "Dios" debe ser entendido aquí, a fin de evitar, por una parte, todo "panteísmo", y, por otra, toda "asociación" en el sentido de la palabra árabe *shirk*[309]), aparecen respectivamente como el principio activo y el principio pasivo de la manifestación, o como el "acto" y la "potencia" en el sentido aristotélico de estos dos términos: acto puro y potencia pura en relación a la totalidad de la manifestación universal[310], acto relativo y potencia relativa en todo otro nivel más determinado y más restringido de ésta, es decir, en suma, siempre "esencia" y "substancia" en las diferentes acepciones que hemos explicado en muchas ocasiones. Para marcar este carácter respectivamente activo y pasivo, se emplean también, de una manera equivalente, las expresiones de *Natura naturans* y *Natura naturata*[311], en las cuales el término *Natura*, en lugar de no aplicarse más que al

---

[309] Es en este sentido como "Dios" y la "Naturaleza" se encuentran inscritos en cierto modo simétricamente en los símbolos del grado 14 de la Masonería escocesa.

[310] Se ve con esto que la definición bien conocida de Dios como "acto puro" no se aplica en realidad al Ser mismo, como algunos lo creen, sino solo al polo activo de la manifestación; en términos extremo orientales, se diría que se refiere a *Tien* y no a *Tai-ki*.

[311] Los historiadores de la filosofía tienen bastante generalmente el hábito de atribuir estas expresiones a Spinoza; pero se trata de un error, ya que, si bien es cierto que éste las ha empleado efectivamente, acomodándolas a sus concepciones particulares, no es ciertamente su autor, puesto que son muy anteriores en realidad. — Cuando se habla de *Natura* sin especificar otra cosa, se trata casi siempre de la *Natura naturata*, aunque a veces este término pueda comprender también a la vez la *Natura naturans* y la *Natura naturata*; en este último caso, no tiene correlativo, ya que no hay fuera de él más que el Principio por una parte y la manifestación por la otra, mientras que, en el primer caso, es propiamente la *Natura* del ternario que acabamos de considerar.

principio pasivo como lo era precedentemente, designa a la vez y simétricamente los dos principios inmediatos del "devenir"[312]. Aquí también, nos encontramos con la tradición extremo oriental, según la cual es por el *yang* y el *yin*, y por consiguiente por el Cielo y la Tierra, como todos los seres son modificados, y, en el mundo manifestado, la "revolución de los dos principios *yin* y *yang* (que corresponde a las acciones y reacciones recíprocas de las influencias celestes y terrestres) gobierna todas las cosas"[313]. "Habiéndose diferenciado las dos modalidades del ser (*yin-yang*) en el Ser primordial (*Tai-ki*), comenzó su revolución, y de ello se siguió la modificación cósmica. El apogeo del *yin* (condensado en la Tierra), es la pasividad tranquila; el apogeo del *yang* (condensado en el Cielo), es la actividad fecunda. De la pasividad de la Tierra ofreciéndose al Cielo, de la actividad del Cielo ejerciéndose sobre la Tierra, de ambas nacieron todos los seres. Fuerza invisible, la acción y reacción del binomio Cielo-Tierra produce toda modificación. Comienzo y cesación, plenitud y vacío[314], revoluciones astronómicas (ciclos temporales), fases del Sol (estaciones) y de la Luna, todo esto es producido por esa causa única, que nadie ve, pero que funciona siempre. La vida se desenvuelve hacia una meta, la muerte es un retorno hacia un término. Las génesis y las disoluciones (condensaciones y disipaciones) se suceden sin cesar, sin que

---

[312] La palabra *natura* en latín, lo mismo que su equivalente *phusis* en griego, contiene esencialmente la idea de "devenir": la naturaleza manifestada es "lo que deviene", y los principios de que se trata aquí son "lo que hace devenir".
[313] *Lie-tseu*.
[314] Aquí se trata propiamente de lo "vacío de forma", es decir, del estado informal.

se sepa su origen, sin que se vea su término (puesto que el origen y el término están ambos ocultos en el Principio). La acción y la reacción del Cielo y de la Tierra son el único motor de este movimiento"[315], que, a través de la serie indefinida de las modificaciones, conduce a los seres a la "transformación" final[316] que les devuelve al Principio uno del que han salido.

---

[315] *Tchoang-tseu*, cap. XXI.

[316] Es la "salida del Cosmos" a la que hemos hecho alusión a propósito de la extremidad del mástil que rebasa el palio del carro.

Capítulo XX

DEFORMACIONES FILOSÓFICAS MODERNAS

En el comienzo de la filosofía moderna, Bacon considera todavía los tres términos *Deus, Homo, Natura* como constituyendo tres objetos de conocimiento distintos, a los que hace corresponder respectivamente las tres grandes divisiones de la "filosofía"; solamente, atribuye una importancia preponderante a la "filosofía natural" o ciencia de la Naturaleza, de conformidad con la tendencia "experimentalista" de la mentalidad moderna, que él representa en aquella época, como Descartes, por su lado, representa sobre todo su tendencia "racionalista"[317]. De alguna manera, no es todavía más que una simple cuestión de "proporciones"[318]; estaba reservado al siglo XIX ver aparecer, en lo que concierne a este mismo

---

[317] Por lo demás, Descartes también se dedica sobre todo a la "física"; pero pretende construirla por razonamiento deductivo, sobre el modelo de las matemáticas, mientras que Bacon quiere al contrario establecerla sobre una base enteramente experimental.

[318] Aparte, bien entendido, de las reservas que habría lugar a hacer sobre la manera completamente profana en que las ciencias se concebían ya entonces; pero aquí hablamos solo de lo que se reconoce como objeto de conocimiento, independientemente del punto de vista bajo el que se considera.

ternario, una deformación bastante extraordinaria e inaudita: queremos hablar de la pretendida "ley de los tres estados" de Augusto Comte; pero, como la relación de ésta con aquello de lo que se trata puede no aparecer evidente a primera vista, quizás no serán inútiles algunas explicaciones a este respecto, ya que hay en esto un ejemplo bastante curioso de la manera en que el espíritu moderno puede desnaturalizar un dato de origen tradicional, cuando se atreve a apoderarse de él en lugar de rechazarle pura y simplemente.

El error fundamental de Comte, a este respecto, es imaginarse que, cualquiera que sea el género de especulación al que el hombre se ha librado, nunca se ha propuesto nada más que la explicación de los fenómenos naturales; partiendo de este punto de vista estrecho, se le ha visto llevado forzosamente a suponer que todo conocimiento, de cualquier orden que sea, representa simplemente una tentativa más o menos imperfecta de explicación de esos fenómenos. Juntando entonces a esta idea preconcebida una visión enteramente fantasiosa de la historia, cree descubrir, en los conocimientos diferentes que siempre han coexistido en realidad, tres tipos de explicación que él considera como sucesivos, porque, al referirlos equivocadamente a un mismo objeto, los encuentra naturalmente incompatibles entre sí; por consiguiente, les hace corresponder a tres fases que habría atravesado el espíritu humano en el curso de los siglos, y que él llama respectivamente "estado teológico", "estado metafísico" y "estado positivo". En la primera fase, los fenómenos serían atribuidos a la intervención de agentes sobrenaturales; en la segunda, serían referidos a las fuerzas naturales, inherentes a las cosas y ya no transcendentes en relación a ellas; finalmente, la tercera fase estaría caracterizada por la renuncia a la búsqueda de las "causas", que sería reemplazada entonces por la búsqueda de las "leyes", es decir, de las relaciones constantes entre los fenómenos. Este último "estado", que, por lo demás, Comte considera como el único definitivamente válido, representa bastante exactamente la concepción relativa y limitada que es en efecto la de las ciencias modernas; pero todo lo que concierne a los otros dos "estados" no es verdaderamente más que un montón de confusiones; no lo examinaremos en detalle, lo que sería de muy poco interés, y nos contentaremos con extraer los puntos que están en relación directa con la cuestión que consideramos al presente.

Comte pretende que, en cada fase, los elementos de explicación a los que se hace llamada se habrían coordinado gradualmente, para concluir en último lugar en la concepción de un principio único que los comprende a todos: así, en el "estado teológico", los diversos agentes sobrenaturales, primero concebidos como independientes los unos de los otros, habrían sido después jerarquizados, para sintetizarse finalmente en la idea de Dios[319]. De igual modo, en el

---

[319] Estas tres fases secundarias son designadas por Comte bajo los nombres de "fetichismo", de "politeísmo" y de "monoteísmo"; apenas hay necesidad de decir aquí que, antes al contrario, es el "monoteísmo", es decir, la afirmación del Principio uno, lo que está necesariamente en el origen; e incluso, en realidad, solo este "monoteísmo" ha existido siempre y por todas parte, salvo en el caso de la incomprensión del vulgo y en un estado de extrema degeneración de algunas formas tradicionales.

supuesto "estado metafísico", las nociones de las diferentes fuerzas naturales habrían tendido cada vez más a fundirse en la de una "entidad" única, designada como la "Naturaleza"[320]; por lo demás, con esto se ve que Comte ignoraba totalmente lo que es la metafísica, ya que, desde que se habla de "Naturaleza" y de fuerzas naturales, es evidentemente de "física" de lo que se trata y no de "metafísica"; ciertamente, le habría bastado remitirse a la etimología de las palabras para evitar una equivocación tan grosera. Como quiera que sea, vemos aquí a Dios y a la Naturaleza, considerados no ya como dos objetos de conocimiento, sino solo como dos nociones a las que conducen los dos primeros de los tres géneros de explicación considerados en esta hipótesis[321]; queda el Hombre, y es quizás un poco más difícil ver cómo desempeña el mismo papel al respecto del tercero, pero no obstante es así en realidad.

Eso resulta en efecto de la manera en que Comte considera las diferentes ciencias: para él, han llegado sucesivamente al "estado positivo" en un cierto orden, donde cada una de ellas ha sido preparada por las que preceden y sin las cuales no habría podido constituirse. Ahora bien, la última de todas las ciencias según este orden, aquella por consiguiente en la que todas confluyen y que representa así el término y la cima del

---

[320] Por lo demás, Comte supone que, por todas partes donde se ha hablado así de la "Naturaleza", ésta debe estar más o menos "personificada", como lo estaba en efecto en algunas declamaciones filosóficas-literarias del siglo XVIII.

[321] En bien evidente que no es en efecto más que una simple hipótesis, e incluso una hipótesis muy mal fundada, lo que Comte afirma así "dogmáticamente" dándole abusivamente el nombre de "ley".

conocimiento llamado "positivo", ciencia a la que Comte se ha dado él mismo en cierto modo la "misión" de constituir, es aquella a la que ha atribuido el nombre bastante bárbaro de "sociología", nombre que ha pasado desde entonces al uso corriente; y esta "sociología" es propiamente la ciencia del Hombre, o, si se prefiere, de la Humanidad, considerada naturalmente solo bajo el punto de vista "social"; por lo demás, para Comte, no puede haber otra ciencia del Hombre que no sea ésta suya, ya que cree que todo lo que caracteriza especialmente al ser humano y le pertenece en propiedad, a exclusión de los demás seres vivos, procede únicamente de la vida social. Desde entonces era perfectamente lógico, a pesar de lo que algunos hayan podido decir de ello, que llegará allí donde ha llegado de hecho: empujado por la necesidad más o menos consciente de realizar una suerte de paralelismo entre el "estado positivo" y los otros dos "estados" tales como se los representaba, Comte vio su acabamiento en lo que ha llamado la "religión de la Humanidad"[322]. Así pues, vemos aquí, como término "ideal" de los tres "estados", respectivamente a Dios, la Naturaleza y la Humanidad; no insistiremos más en ello, ya que esto basta en suma para mostrar que la famosísima "ley de los tres estados" proviene realmente de una deformación y de una aplicación falseada del ternario *Deus, Homo, Natura*, y lo que es más bien sorprendente es que parece que nadie se haya dado cuenta nunca de ello.

---

[322] La "Humanidad", concebida como la colectividad de todos los hombres pasados, presentes y futuros, es en Comte una verdadera "personificación", ya que, en la parte pseudoreligiosa de su obra, la llama el "Gran Ser"; se podría ver en ello como una suerte de caricatura profana del "Hombre Universal".

Capítulo XXI

PROVIDENCIA, VOLUNTAD, DESTINO

Para completar lo que hemos dicho del ternario *Deus, Homo, Natura*, hablaremos un poco de otro ternario que le corresponde manifiestamente término a término: es el que está formado por la Providencia, la Voluntad y el Destino, considerados como las tres potencias que rigen el Universo manifestado. Las consideraciones relativas a este ternario han sido desarrolladas sobre todo, en los tiempos modernos por Fabre d'Olivet[323], sobre datos de origen pitagórico; por lo demás, también se refiere secundariamente, en diversas ocasiones, a

---

[323] Concretamente en su *Histoire philosophique du Genre humain*; es de la disertación introductoria de esta obra (publicada primeramente bajo el título *De l'État social de l'Homme*) de donde se han sacado, salvo indicación contraria, las citas que siguen. — En los *Examens des Vers dorés de Pythagore*, aparecidos anteriormente, se encuentran también puntos de vista sobre este tema, pero expuestos de una manera menos clara: Fabre d'Olivet parece considerar a veces en ellos el Destino y la Voluntad como correlativos, dominando la Providencia a la vez al uno y a la otra, lo que no concuerda con la correspondencia que tenemos en vista al presente. — Señalamos incidentalmente que es sobre una aplicación de la concepción de estas tres potencias universales al orden social como Saint-Yves d'Alveydre ha construido su teoría de la "sinarquía".

la tradición china[324], de una manera que implica que ha reconocido su equivalencia con la Gran tríada. "El hombre, dice, no es ni un animal ni una inteligencia pura; es un ser intermediario, colocado entre la materia y el espíritu, entre el Cielo y la Tierra, para ser su lazo"; y se puede reconocer claramente aquí el lugar y el papel del término mediano de la Tríada extremo oriental. "Que el Hombre universal[325] es una potencia, es lo que es constatado por todos los códigos sagrados de las naciones, es lo que es sentido por todos los sabios, es lo que es confesado incluso por los verdaderos conocedores... Las otras dos potencias, en medio de las que se encuentra colocado, son el Destino y la Providencia. Por debajo de él está el Destino, naturaleza necesitada y naturada; por encima de él está la Providencia, naturaleza libre y naturante. Él, como reino hominal, es la Voluntad mediadora, eficiente, colocada entre estas dos naturalezas para servirles de lazo, de medio de comunicación, y para reunir dos acciones, dos movimientos que serían incompatibles sin él". Es interesante notar que los dos términos extremos del ternario son designados expresamente como *Natura naturans* y *Natura naturata*, conformemente a lo que hemos dicho más atrás; y las dos acciones o los dos movimientos de que se trata

---

[324] Por lo demás, no parece haber conocido de ella más que el lado Confucionista, aunque, en los *Examens des Vers dorés de Pythagore*, se le ocurre citar una vez a Lao-tseu.

[325] Esta expresión debe ser entendida aquí en un sentido restringido, ya que no parece que su concepción se haya extendido más allá del estado propiamente humano; en efecto, es evidente que, cuando se transpone a la totalidad de los estados del ser, ya no se podría hablar del "reino hominal", lo que no tiene realmente sentido más que en nuestro mundo.

no son otra cosa en el fondo que la acción del Cielo y la reacción de la Tierra, es decir, el movimiento alternado del *yang* y del *yin*. "Estas tres potencias, la Providencia, el Hombre considerado como reino hominal, y el Destino, constituyen el ternario universal. Nada escapa a su acción, todo les está sometido en el Universo, todo, excepto Dios mismo que, envolviéndolos en su insondable Unidad, forma con ellos esa tétrada de los antiguos, ese inmenso cuaternario, que es todo en todos, y fuera del cual no hay nada". Aquí hay una alusión al cuaternario fundamental de los Pitagóricos, simbolizado por la *Tetraktys*, y lo que hemos dicho precedentemente, a propósito del ternario *Spiritus, Anima, Corpus*, permite comprender suficientemente de qué se trata como para que no haya necesidad de volver sobre ello. Por otra parte, es menester precisar todavía, ya que esto es particularmente importante bajo el punto de vista de las concordancias, que "Dios" es considerado aquí como el Principio en sí mismo, a diferencia del primer término del ternario *Deus, Homo, Natura*, de suerte que, en estos dos casos, la misma palabra no está tomada en la misma acepción; y, aquí, la Providencia es solo el instrumento de Dios en el gobierno del Universo, exactamente lo mismo que el Cielo es el instrumento del Principio según la tradición extremo oriental.

Ahora, para comprender por qué el término mediano es identificado, no solo al Hombre, sino más precisamente a la Voluntad humana, es menester saber que, para Fabre d'Olivet, la voluntad es, en el ser humano, el elemento interior y central que unifica y envuelve[326] a las tres esferas, intelectual, anímica e instintiva, a las cuales corresponden respectivamente el espíritu, el alma y el cuerpo. Por lo demás, como en el "microcosmo" se debe encontrar la correspondencia del "macrocosmo", estas tres esferas representan en él el análogo de las tres potencias universales que son la Providencia, la Voluntad y el Destino[327]; y la voluntad desempeña, en relación a ellas, un papel que hace de ella como la imagen del Principio mismo. Esta manera de considerar la voluntad (que, por lo demás, es menester decirlo, está insuficientemente justificada por consideraciones de orden más psicológico que verdaderamente metafísico) debe ser aproximada a lo que hemos dicho precedentemente sobre el tema del Azufre alquímico, ya que es exactamente de esto de lo que se trata en realidad. Además, aquí hay como una suerte de paralelismo entre las tres potencias, ya que, por una parte, la Providencia puede ser concebida evidentemente como la expresión de la Voluntad Divina, y, por otra, el Destino mismo aparece como una suerte de voluntad obscura de la Naturaleza. "El Destino es la parte inferior e instintiva de la Naturaleza universal[328], que he llamado naturaleza naturada; a su acción propia se le llama fatalidad; la forma por la que se manifiesta a nosotros

---

[326] Aquí también, es menester acordarse de que es el centro el que contiene todo en realidad.

[327] Se recordará lo que hemos dicho, a propósito de los "tres mundos", de la correspondencia más particular del Hombre con el dominio anímico o psíquico.

[328] Ésta es entendida aquí en el sentido más general, y comprende entonces, como "tres naturalezas en una sola Naturaleza", el conjunto de los tres términos del "ternario universal", es decir, en suma todo lo que no es el Principio mismo.

se llama necesidad... La Providencia es la parte superior e inteligente de la Naturaleza universal, que he llamado naturaleza naturante; es una ley viva emanada de la Divinidad, por cuyo medio todas las cosas se determinan en potencia de ser[329]... Es la Voluntad del Hombre la que, como potencia mediana (que corresponde a la parte anímica de la Naturaleza universal), une el Destino a la Providencia; sin ella, estas dos potencias extremas no solo no se reunirían jamás, sino que no se conocerían siquiera"[330].

Otro punto que es también muy digno de observación, es éste: la Voluntad humana, al unirse a la Providencia y al colaborar con ella conscientemente[331], puede equilibrar al Destino y llegar a neutralizarle[332]. Fabre d'Olivet dice que "el acuerdo de la Voluntad y de la Providencia constituye el Bien; el Mal nace de su oposición[333]... El hombre se perfecciona o

---

[329] Este término es impropio, puesto que la potencialidad pertenece al contrario al otro polo de la manifestación; sería menester decir "principialmente" o "en esencia".

[330] En otra parte, Fabre d'Olivet, designa como los agentes respectivos de las tres potencias universales, a los seres que los Pitagóricos llamaban los "Dioses inmortales", los "Héroes glorificados" y los "Demonios terrestres", "relativamente a su elevación respectiva y a la posición armónica de los tres mundos que habitaban" (*Examens des Vers dorés de Pythagore*, 3er Examen).

[331] Colaborar así con la Providencia, es lo que se llama propiamente, en la terminología masónica, trabajar en la realización del "plan del Gran Arquitecto del Universo" (cf. *Apercepciones sobre la Iniciación*, cap. XXXI).

[332] Es lo que los Rosacrucianos expresaban por el adagio *Sapiens dominabitur astris*, donde las "influencias astrales" representan, como lo hemos explicado más atrás, el conjunto de todas las influencias que emanan del medio cósmico y que actúan sobre el individuo para determinarle exteriormente.

[333] En el fondo, esto identifica el bien y el mal a las dos tendencias contrarias que vamos a indicar, con todas sus consecuencias respectivas.

se deprava según que tienda a confundirse con la Unidad universal o a distinguirse de ella"[334], es decir, según que, tendiendo hacia el uno o hacia el otro de los polos de la manifestación[335], que corresponden en efecto a la unidad y a la multiplicidad, alíe su voluntad a la Providencia o al Destino y se dirija así, ya sea del lado de la "libertad", o ya sea del lado de la "necesidad". El autor dice también que "la ley providencial es la ley del hombre divino, que vive principalmente de la vida intelectual, de la que ella es la reguladora"; por lo demás, no precisa más la manera en que comprende a este "hombre divino", que, según los casos, puede ser sin duda asimilado al "hombre trancendente" o solo al "hombre verdadero". Según la doctrina pitagórica, seguida sobre este punto como sobre tantos otros por Platón, "la Voluntad animada por la fe (y por consiguiente asociada por eso mismo a la Providencia) podía sojuzgar a la Necesidad misma, mandar a la Naturaleza, y operar milagros". El equilibrio entre la Voluntad y la Providencia, por una parte, y el Destino por la otra, estaba simbolizado geométricamente por el triángulo rectángulo cuyos lados son respectivamente proporcionales a los números 3, 4 y 5, triángulo al que el pitagorismo daba una gran importancia[336],

---

[334] *Examens des Vers dorés de Pythagore*, 12º Examen.

[335] Se trata de las dos tendencias contrarias, ascendente una y descendente la otra, que son designadas como *sattwa* y *tamas* en la tradición hindú.

[336] Este triángulo se encuentra también en el simbolismo masónico, y ya hemos hecho alusión a él a propósito de la escuadra del Venerable; el triángulo mismo completo aparece en las insignias del *Past Master*. Diremos en esta ocasión que una parte notable del simbolismo masónico se deriva directamente del pitagorismo, por una "cadena" ininterrumpida, a través de los *Collegia fabrorum*

y que, por una coincidencia muy sorprendente también, no la tiene menor en la tradición extremo oriental. Si la Providencia es representada[337] por 3, la Voluntad humana por 4 y el Destino por 5, se tiene en este triángulo: $3^2 + 4^2 = 5^2$; la elevación de los números a la segunda potencia indica que esto se refiere al dominio de las fuerzas universales, es decir, propiamente al dominio anímico[338], el que corresponde al Hombre en el "macrocosmo", y en el centro del cual, en tanto que término mediano, se sitúa la voluntad en el "microcosmo"[339].

---

romanos y las corporaciones de constructores de la Edad Media; el triángulo de que se trata aquí es un ejemplo de ello, y tenemos otro en la Estrella radiante, idéntica al *Pentalpha* que servía de "medio de reconocimiento" a los pitagóricos (cf. *Apercepciones sobre la Iniciación*, cap. XVI).

[337] Aquí encontramos de nuevo 3 como número "celeste" y 5 como número "terrestre", de igual modo que en la tradición extremo oriental, aunque ésta no los considera así como correlativos, puesto que 3 se asocia en ella a 2 y 5 a 6, así como lo hemos explicado más atrás; en cuanto a 4, corresponde a la cruz como símbolo del "Hombre Universal".

[338] Este dominio es en efecto el segundo de los "tres mundos", ya sea que se los considere en el sentido ascendente o en el sentido descendente; la elevación a las potencias sucesivas, que representan grados de universalización creciente, corresponde al sentido ascendente (cf. *El Simbolismo de la Cruz*, cap. XII, y *Los Principios del Cálculo infinitesimal*, cap. XX).

[339] Según el esquema dado por Fabre d'Olivet, este centro de la esfera anímica es al mismo tiempo el punto de tangencia de las otras dos esferas intelectual e instintiva, cuyos centros están situados en dos puntos diametralmente opuestos de la circunferencia de esta misma esfera mediana: "Este centro, al desplegar su circunferencia, alcanza a los otros centros, y reúne en sí mismo los puntos opuestos de las dos circunferencias que despliegan (es decir, el punto más bajo de la una y el punto más alto de la otra), de suerte que las tres esferas vitales, al moverse la una en la otra, se comunican sus naturalezas diversas, y llevan de la una a la otra su influencia respectiva y recíproca" — Así pues, las circunferencias representativas de dos esferas consecutivas (intelectual y anímica, anímica e

instintiva) presentan la disposición cuyas propiedades hemos señalado a propósito de la figura 3, puesto que cada una de ellas pasa por el centro de la otra.

Capítulo XXII

El triple tiempo

Después de todo lo que acaba de ser dicho, todavía puede plantearse esta cuestión: ¿hay en el orden de las determinaciones espaciales y temporales, algo que corresponda a los tres términos de la Gran Tríada y a ternarios equivalentes? En lo que concierne al espacio, no hay ninguna dificultad para encontrar una tal correspondencia, ya que se da inmediatamente por la consideración del "arriba" y del "abajo", considerados, según la representación geométrica habitual, en relación a un plano horizontal tomado como "nivel de referencia", y que, para nosotros, es naturalmente el que corresponde al dominio del estado humano. Este plano puede ser considerado como mediano, en primer lugar porque se nos aparece como tal por el hecho de nuestra "perspectiva" propia, en tanto que es el del estado en el que nos encontramos actualmente, y también porque podemos situar en él, al menos virtualmente, el centro del conjunto de los estados de manifestación; por estas razones, corresponde evidentemente al Hombre como término medio de la Tríada, tanto como al hombre entendido en el sentido ordinario e individual. Relativamente a este plano, lo que está por encima representa los aspectos "celestes" del Cosmos, y lo que está por debajo representa sus aspectos "terrestres", y los extremos límites respectivos de las dos regiones en las que se divide así el espacio (límites que se sitúan en lo indefinido en los dos sentidos) son los dos polos de la manifestación, es decir, el Cielo y la Tierra mismos, que, desde el plano considerado, son vistos a través de estos aspectos relativamente "celestes" y "terrestres". Las influencias correspondientes se expresan por dos tendencias contrarias, que pueden ser referidas a las dos mitades del eje vertical, donde la mitad superior se toma en la dirección ascendente y la mitad inferior en la dirección descendente a partir del plano mediano; como éste corresponde naturalmente a la expansión en el sentido horizontal, intermediaria entre estas dos tendencias opuestas, se ve que tenemos aquí, además, la correspondencia de los tres *gunas* de la tradición hindú[340] con los tres términos de la Tríada: *sattwa* corresponde así al Cielo, *rajas* al Hombre y *tamas* a la Tierra[341]. Si el plano mediano es considerado como un plano diametral de una esfera (que, por otra parte, debe ser considerada como de radio indefinido, puesto que comprende la totalidad del espacio), los dos hemisferios superior e inferior son, según otro simbolismo del que ya hemos hablado, las dos mitades del "Huevo del Mundo", que, después de su separación, realizada por la determinación efectiva del plano mediano, devienen respectivamente el Cielo

---

[340] Cf. *El Simbolismo de la Cruz*, cap. V.

[341] Se recordará aquí lo que hemos indicado más atrás al respecto del carácter "sáttwico" o "támásico" que toma la Voluntad humana, neutra o "rajásica" en sí misma, según se alíe a la Providencia o al Destino.

y la Tierra, entendidos aquí en su acepción más general[342]; en el centro del plano mediano mismo se sitúa *Hiranyagarbha*, que aparece así en el Cosmos como el "*Avatâra* eterno", y que es por eso mismo idéntico al "Hombre Universal"[343].

En lo que concierne al tiempo, la cuestión puede parecer más difícil de resolver y no obstante también hay ahí un ternario, puesto que se habla del "triple tiempo" (en sánscrito *trikâla*), es decir, que el tiempo es considerado bajo tres modalidades, que son el pasado, el presente y el porvenir; pero, ¿pueden estas tres modalidades ser puestas en relación con los tres términos de los ternarios tales como los que examinamos aquí? Primeramente, es menester precisar que el presente puede ser representado como un punto que divide en dos partes la línea según la cual se desarrolla el tiempo, y que determina así, en cada instante, la separación (pero también la unión) entre el pasado y el porvenir de los que es el límite común, del mismo modo que el plano mediano de que hablábamos hace un momento es el límite de las dos mitades superior e inferior del espacio. Como lo hemos explicado en otra parte[344], la representación "rectilínea" del tiempo es insuficiente e inexacta, puesto que el tiempo es en realidad "cíclico", y puesto que este carácter se encuentra también hasta en sus menores subdivisiones; pero aquí no vamos a especificar la forma de la línea representativa, ya que,

---

[342] Esto deber ser relacionado con lo que hemos dicho de los dos hemisferios a propósito de la doble espiral, y también con la división del símbolo *yin-yang* en sus dos mitades.

[343] Cf. *Apercepciones sobre la Iniciación*, cap. XLVIII.

[344] *El Reino de la Cantidad y los Signos de los Tiempos*, cap. V.

cualquiera que sea, para el ser que está situado en un punto de esta línea, las dos partes en las que está dividida aparecen siempre como situadas respectivamente "antes" y "después" de este punto, del mismo modo que las dos mitades del espacio aparecían como situadas "arriba" y "abajo", es decir, por encima y por debajo del plano que se toma como "nivel de referencia". Para completar a este respecto el paralelismo entre las determinaciones espaciales y temporales, el punto representativo del presente siempre puede ser tomado en un cierto sentido como el "medio del tiempo", puesto que, a partir de este punto, el tiempo no puede aparecer sino como igualmente indefinido en las dos direcciones opuestas que corresponden al pasado y al porvenir. Por lo demás, hay algo más: el "hombre verdadero" ocupa el centro del estado humano, es decir, un punto que debe ser verdaderamente "central" en relación a todas las condiciones de este estado, comprendida la condición temporal[345]; así pues, se puede decir que se sitúa efectivamente en el "medio del tiempo", que él mismo determina por el hecho de que domina en cierto modo las condiciones individuales[346], del mismo modo que, en la tradición china, el Emperador, al colocarse en el punto central del *Ming-tang*, determina el medio del ciclo anual; así pues, el "medio del tiempo" es propiamente, si se puede

---

[345] Aquí no puede hablarse del "hombre transcendente", puesto que éste está enteramente más allá de la condición temporal, así como de todas las demás; pero, si ocurre que se sitúa en el estado humano según lo que hemos explicado precedentemente, ocupa en él *a fortiori*, la posición central a todos los respectos.

[346] Cf. *Apercepciones sobre la Iniciación*, cap. XLII, y también *El Esoterismo de Dante*, cap. VIII.

expresar así, el "lugar" temporal del "hombre verdadero", y, para él, este punto es verdaderamente siempre el presente.

Por consiguiente, si el presente puede ser puesto en correspondencia con el Hombre (y, por lo demás, incluso en lo que concierne simplemente al ser humano ordinario, es evidente que solo en el presente puede ejercer su acción, al menos de una manera directa e inmediata)[347], nos queda ver si no habría también una cierta correspondencia del pasado y del porvenir con los otros dos términos de la Tríada; y es también una comparación entre las determinaciones espaciales y temporales la que nos va a proporcionar la indicación de ello. En efecto, los estados de manifestación inferiores y superiores en relación al estado humano, que son representados, según el simbolismo espacial, como situados respectivamente por debajo y por encima de él, son descritos por otra parte, según el simbolismo temporal, como constituyendo ciclos respectivamente anteriores y posteriores al ciclo actual. El conjunto de estos estados forma así dos dominios cuya acción, en tanto que se hace sentir en el estado humano, se expresa en él por influencias que se pueden llamar "terrestres" por una parte y "celestes" por la otra, en el sentido que hemos dado constantemente aquí a estos términos, acción que aparece como la manifestación respectiva del Destino y de la Providencia; es lo que la tradición hindú indica muy claramente al atribuir uno de estos dominios a los *Asuras* y el otro a los *Dêvas*. En efecto, al

---

[347] Si el "hombre verdadero" puede ejercer una influencia en un momento cualquiera del tiempo, es porque, desde el punto central donde está situado, puede, a voluntad, hacer ese momento presente para él.

considerar los dos términos de la Tríada bajo el aspecto del Destino y de la Providencia es quizás cuando la correspondencia es más claramente visible; y es precisamente por eso por lo que el pasado aparece como "necesitado" y el porvenir como "libre", lo que es muy exactamente el carácter propio de estas dos potencias. Es cierto que ahí todavía no se trata en realidad más que una cuestión de "perspectiva", y que, para un ser que está fuera de la condición temporal, ya no hay ni pasado, ni porvenir, ni por consiguiente ninguna diferencia entre ellos, puesto que todo se le aparece en perfecta simultaneidad[348]; pero, bien entendido, aquí hablamos desde el punto de vista de un ser que, al estar en el tiempo, se encuentra colocado necesariamente por eso mismo entre el pasado y el porvenir.

"El Destino, dice sobre este punto Fabre d'Olivet, no da el principio de nada, sino que se apodera de él desde que es dado, para dominar sus consecuencias. Es solo por la necesidad de esas consecuencias como influye sobre el porvenir y se hace sentir en el presente, ya que todo lo que posee en propiedad está en el pasado. Así pues, se puede entender por Destino esa potencia según la cual concebimos que las cosas hechas están hechas, que son así y no de otro modo, y que, una vez colocadas según su naturaleza, tienen

---

[348] Con mayor razón es así al respecto del Principio; haremos observar a este propósito que el Tetragrama hebraico es considerado como constituido gramaticalmente por la contracción de los tres tiempos del verbo "ser"; por eso mismo, designa al Principio, es decir, al Ser puro, que envuelve en sí mismo los tres términos del "ternario universal", según la expresión de Fabre d'Olivet, como la Eternidad que le es inherente envuelve en sí misma el "triple tiempo".

resultados forzosos que se desarrollan sucesiva y necesariamente". Es menester decir que el autor se expresa mucho menos claramente en lo que concierne a la correspondencia temporal de las otras dos potencias, y que incluso, en un escrito anterior al que citamos aquí, le ha ocurrido invertirlas de una manera que parece bastante difícilmente explicable[349]. "La Voluntad del hombre, al desplegar su actividad, modifica las cosas coexistentes (y por consiguiente presentes), crea otras nuevas, que devienen al instante la propiedad del Destino, y prepara para el porvenir mutaciones en lo que estaba hecho, y consecuencias necesarias en lo que acaba de serlo[350]... El fin de la Providencia es la perfección de todos los seres, y esta perfección, recibe de Dios mismo su tipo irrefragable. El medio que ella tiene para llegar a este fin, es lo que llamamos el tiempo. Pero el tiempo no existe para ella según la idea que tenemos nosotros de él[351]; ella lo concibe como un

---

[349] En los *Examens des Vers dorés de Pythagore* (12º Examen), dice en efecto que "la potencia de la voluntad se ejerce sobre las cosas por hacer o sobre el porvenir; la necesidad del destino, se ejerce sobre las cosas hechas o sobre el pasado... La libertad reina en el porvenir, la necesidad en el pasado, y la providencia sobre el presente". Esto equivale a hacer de la Providencia el término mediano, y, al atribuir la "libertad" como carácter propio a la Voluntad, a presentar a ésta como lo opuesto del Destino, lo que no podría concordar de ninguna manera con las relaciones reales de los tres términos, tal como las ha expuesto él mismo un poco más adelante.

[350] Se puede decir en efecto que la Voluntad trabaja con vistas al porvenir, en tanto que éste es una consecuencia del presente, pero, bien entendido, esto no es en modo alguno la misma cosa que decir que ella opera directamente sobre el porvenir mismo como tal.

[351] Esto es evidente, puesto que ella corresponde a lo que es superior al estado humano, estado del que el tiempo no es más que una de las condiciones especiales;

movimiento de eternidad"³⁵². Todo esto no está perfectamente claro, pero podemos suplir fácilmente esta laguna; ya lo hemos hecho hace un momento, por lo demás, en lo que concierne al Hombre, y por consiguiente a la Voluntad. En cuanto a la Providencia, desde el punto de vista tradicional, es una noción corriente que, según la expresión coránica, "Dios tiene las llaves de las cosas ocultas"³⁵³, y por consiguiente, concretamente, de las cosas que, en nuestro mundo, todavía no se han manifestado³⁵⁴; el porvenir está en efecto oculto para los hombres, al menos en las condiciones habituales; ahora bien, es evidente que un ser, cualquiera que sea, no puede tener ninguna influencia sobre lo que no conoce, y que, por consiguiente, el hombre no podría actuar directamente sobre el porvenir, que, por lo demás, en su "perspectiva" temporal, no es para él más que lo que todavía no existe. Por otra parte, esta idea ha permanecido incluso en la mentalidad común, que, quizás sin tener consciencia muy clara de ello, lo expresa con afirmaciones proverbiales tales como, por ejemplo, "el hombre propone y Dios dispone", es

---

pero convendría agregar, para mayor precisión, que la Providencia se sirve del tiempo en tanto que éste está, para nosotros, dirigido "hacia adelante", es decir, en el sentido del porvenir, lo que implica por otra parte el hecho de que el pasado pertenece al Destino.

[352] Parece que esto sea una alusión a lo que los escolásticos llamaban *aevum* o *aeviternitas*, términos que designaban modos de duración diferentes del tiempo y que condicionan los estados "angélicos", es decir, supraindividuales, que aparecen en efecto como "celestes" en relación al estado humano.

[353] *Qorân*, VI, 59.

[354] Decimos concretamente, ya que no hay que decir que aquí no se trata en realidad más que una parte infinitesimal de las "cosas ocultas" (*el-ghaybu*), que comprenden todo lo no manifestado.

decir, que, aunque el hombre se esfuerce, en la medida de sus medios, en preparar el porvenir, no obstante, éste no será en definitiva más que lo que Dios quiera que sea, o lo que le haga ser por la acción de su Providencia (de donde resulta, por lo demás, que la Voluntad actuará tanto más eficazmente en vistas del porvenir cuanto más estrechamente unida esté a la Providencia); y se dice también, más explícitamente aún, que "el presente pertenece a los hombres, pero el porvenir pertenece a Dios". Así pues, no podría haber ninguna duda a este respecto, y es efectivamente el porvenir el que, entre las modalidades del "triple tiempo", constituye el dominio propio de la Providencia, como lo exige por lo demás la simetría de ésta con el Destino que tiene como dominio propio el pasado, ya que esta simetría debe resultar necesariamente del hecho de que estas dos potencias representan respectivamente los dos términos extremos del "ternario universal".

Capítulo XXIII

La Rueda Cósmica

En ciertas obras que se vinculan a la tradición hermética[355], se encuentra mencionado el ternario *Deus, Homo, Rota*, es decir, que, en el ternario que hemos considerado precedentemente, el tercer término, *Natura*, es reemplazado por *Rota* o la "Rueda"; se trata aquí de la "rueda cósmica", que es, como ya lo hemos dicho en diversas ocasiones, un símbolo del mundo manifestado, y que los Rosacrucianos llamaban *Rota Mundi* [356]. Así pues, se puede decir que, en general, este símbolo representa a la "Naturaleza" tomada, según lo que hemos dicho, en su sentido más extenso; pero, además, es susceptible de diversas significaciones más precisas, entre las cuales aquí solo consideraremos las que tienen una relación directa con el tema de nuestro estudio.

---

[355] Concretamente en el *Absconditorum Clavis* de Guillaume Postel. — Se podrá observar que el título de este libro es el equivalente literal de la expresión coránica que hemos citado un poco más atrás.
[356] Cf. la figura de la *Rota Mundi* dada por Leibnitz en su tratado *De Arte combinatoria* (ver *Los Principios del Cálculo infinitesimal*, Prefacio); se observará que esta figura es una rueda de ocho radios, como el *Dharma-chakra*, del que hablaremos más adelante.

La figura geométrica de la que se deriva la rueda es la figura del círculo con su centro; en el sentido más universal, el centro representa el Principio, simbolizado geométricamente por el punto como lo es aritméticamente por la unidad, y la circunferencia representa la manifestación, que es "medida" efectivamente por el radio emanado del Principio[357]; pero esta figura, aunque muy simple en apariencia, tiene no obstante múltiples aplicaciones desde puntos de vista diferentes y más o menos particularizados[358]. Concretamente, y es esto lo que nos importa sobre todo en este momento, puesto que el Principio actúa en el Cosmos por medio del Cielo, éste podrá ser representado igualmente por el centro, y entonces la circunferencia, en la que se detienen de hecho los radios emanados de éste, representará el otro polo de la manifestación, es decir, la Tierra, correspondiendo la superficie misma del círculo, en este caso, al dominio cósmico todo entero; por lo demás, el centro es unidad y la

---

[357] Cf. *El Reino de la Cantidad y los Signos de los Tiempos*, cap. III.

[358] En astrología, es el signo del Sol, que es en efecto, para nosotros, el centro del mundo sensible, y que, por esta razón, se toma tradicionalmente como un símbolo del "Corazón del Mundo" (cf. *Apercepciones sobre la Iniciación*, cap. XLVII); ya hemos hablado suficientemente sobre el simbolismo de los "rayos solares" como para que apenas haya necesidad de recordarle a este propósito. En alquimia, es el signo del oro, que, en tanto que "luz mineral", corresponde, entre los metales, al Sol entre los planetas. En la ciencia de los números, es el símbolo del denario, en tanto que éste constituye un ciclo numeral completo; desde este punto de vista, el centro es 1 y la circunferencia 9, que forman juntos el total de 10, ya que la unidad, al ser el principio mismo de los números, debe ser colocada en el centro y no sobre la circunferencia, cuya medida natural, por lo demás, no se efectúa por la división decimal, así como lo hemos explicado más atrás, sino por una división según múltiplos de 3, 9 y 12.

circunferencia es multiplicidad, lo que expresa bien los caracteres respectivos de la Esencia y de la Substancia universales. Podremos limitarnos también a la consideración de un mundo o de un estado de existencia determinado; entonces, el centro será naturalmente el punto donde la "Actividad del Cielo" se manifiesta en ese estado, y la circunferencia representará la *materia secunda* de ese mundo, que desempeña, relativamente a él, un papel correspondiente al de la *materia prima* al respecto de la totalidad de la manifestación universal[359].

La figura de la rueda no difiere de la que acabamos de hablar más que por el trazado de un cierto número de radios, que marcan más explícitamente la relación de la circunferencia en la que acaban con el centro del que han salido; entiéndase bien que la circunferencia no podría existir sin su centro, mientras que éste es absolutamente independiente de ella y contiene principialmente todas las circunferencias concéntricas posibles, que son determinadas por la mayor o menos extensión de los radios. Estos radios pueden ser figurados evidentemente en número variable, puesto que son realmente en multitud indefinida como los puntos de la circunferencia que son sus extremidades; pero, de hecho, las figuraciones tradicionales conllevan siempre números que tienen por sí mismos un valor simbólico particular, valor que se agrega a la significación general de la rueda para definir las diferentes aplicaciones que se hacen de

---

[359] Para todo esto, uno podrá remitirse a las consideraciones que hemos desarrollado en *El Reino de la Cantidad y los Signos de los Tiempos*.

ella según los casos[360]. La forma más simple es aquí la que presenta solo cuatro radios que dividen la circunferencia en parte iguales, es decir, dos diámetros rectangulares que forman una cruz en el interior de la circunferencia[361]. Esta figura corresponde naturalmente, desde el punto de vista espacial, a la determinación de los puntos cardinales[362]; por otra parte, desde el punto de vista temporal, la circunferencia, si uno la representa como recorrida en un cierto sentido, es la imagen de un ciclo de manifestaciones, y las divisiones determinadas sobre esta circunferencia, por las extremidades de los brazos de la cruz, corresponden entonces a los diferentes períodos o fases en las que se divide este ciclo; una tal división puede ser considerada naturalmente, por así decir, a escalas diversas, según se trate de ciclos más o menos extensos[363]. Por lo demás, la idea de la rueda evoca inmediatamente por sí misma la de "rotación"; esta rotación es la figura del cambio continuo al que están sometidas todas las cosas manifestadas, y es por eso por lo que se habla

---

[360] Las formas que se encuentran más habitualmente son las ruedas de seis y de ocho radios, y también de doce y dieciséis, números dobles de los primeros.

[361] Hemos hablado en otra parte de la relaciones de esta figura con la del *swastika* (*El Simbolismo de la Cruz*, cap. X).

[362] Ver más atrás, Figuras 13 y 14.

[363] Se tendrán así por ejemplo, solo en el orden de la existencia terrestre, los cuatro momentos principales del día, las cuatro fases de la lunación, las cuatro estaciones del año, y también, por otra parte, las cuatro edades tradicionales de la humanidad, así como las de la vida humana individual, es decir, en suma, de una manera general todas las correspondencias cuaternarias del género de aquellas a las que ya hemos hecho alusión en lo que precede.

también de la "rueda del devenir"[364]; en un tal movimiento, no hay más que un punto único que permanece fijo e inmutable, y este punto es el centro[365].

Aquí no es necesario insistir más sobre todas estas nociones; solo agregaremos que, si el centro es primeramente un punto de partida, es también un punto de conclusión: todo ha salido de él, y todo debe finalmente volver a él. Puesto que todas las cosas no existen más que por el Principio (o por lo que le representa relativamente a la manifestación o a un cierto estado de ésta), debe haber entre ellas y él un lazo permanente, figurado por los radios que unen al centro todos los puntos de la circunferencia; pero estos radios pueden ser recorridos en dos sentidos opuestos: primeramente del centro a la circunferencia, y después de la circunferencia en retorno hacia el centro[366]. Así pues, hay ahí dos fases complementarias, de las que la primera es representada por un movimiento centrífugo y la segunda por un movimiento centrípeto[367]; estas dos fases son las que se comparan

---

[364] Cf. la "rueda de la Fortuna" en la antigüedad occidental, y el simbolismo de la décima lámina del Tarot.

[365] Por lo demás, el centro debe ser concebido como conteniendo principialmente a la rueda toda entera, y es por eso por lo que Guillaume Postel describe el centro del *Edén* (que, él mismo, es a la vez el "centro del mundo" y su imagen) como "la Rueda en el medio de la Rueda", lo que corresponde a lo que hemos explicado a propósito del *Ming-tang*.

[366] Así pues, se podría concebir la reacción del principio pasivo como una "resistencia" que detiene las influencias emanadas del principio activo y que limita su campo de acción; por lo demás, es lo que indica también el simbolismo del "plano de reflexión".

[367] Es menester poner mucho cuidado en precisar que, aquí, estos dos movimientos son tales en relación al Principio, y no en relación a la manifestación; esto a fin de

tradicionalmente, como lo hemos dicho frecuentemente, a las fases de la respiración, así como al doble movimiento del corazón. Se ve que tenemos aquí un ternario constituido por el centro, el radio y la circunferencia, un ternario en el que el radio desempeña exactamente el papel del término mediano tal como lo hemos definido precedentemente; por eso es por lo que, en la Gran Tríada extremo oriental, el Hombre es asimilado a veces al radio de la "rueda cósmica", cuyo centro y cuya circunferencia corresponden entonces respectivamente al Cielo y a la Tierra. Como el radio emanado del centro "mide" el Cosmos o el dominio de la manifestación, se ve también por esto que el "hombre verdadero" es propiamente la "medida de todas las cosas" en este mundo, y de igual modo el "Hombre Universal" lo es para la integralidad de la manifestación[368]; y se podrá observar también a este propósito que, en la figura de la que hablábamos hace un momento, la cruz formada por los diámetros rectangulares, y que equivale de una cierta manera al conjunto de todos los radios de la circunferencia (puesto que todos los momentos de un ciclo están resumidos en sus fases principales), da precisamente, bajo su forma completa, el símbolo mismo del "Hombre Universal"[369].

---

evitar los errores a los que se podría ser conducido si se olvidara hacer la aplicación del "sentido inverso".

[368] Cf. *El Simbolismo de la Cruz*, cap. XVI.

[369] Sobre esta misma figura, explicada por la equivalencias numéricas de sus elementos, ver también L.-Cl. de Saint-Martin, *Tableau naturel des rapports qui existent entre Dieu, l'Homme et l'Univers*, cap. XVIII. — Habitualmente se designa esta obra por el título abreviado de *Tableau naturel*, pero damos aquí el título completo para hacer observar que, al tomarse en él la palabra "Universo" en el

Naturalmente, este último simbolismo es diferente, en apariencia al menos, del que muestra al hombre como situado en el centro mismo de un estado de existencia, y al "Hombre Universal" como identificado al "Eje del Mundo", puesto que corresponde a un punto de vista igualmente diferente en una cierta medida; pero, en el fondo, por ello no concuerdan menos exactamente en cuanto a su significación esencial, y solo es menester tener cuidado, como siempre en parecido caso, de no confundir los diversos sentidos de los que sus elementos son susceptibles[370]. A este respecto, hay lugar a observar que, en todo punto de la circunferencia y para este punto, la dirección de la tangente puede ser considerada como la horizontal, y, por consiguiente, la dirección del radio que le es perpendicular como la vertical, de suerte que todo radio es en cierto modo un eje vertical. Así pues, lo alto y lo bajo pueden ser considerados como correspondiendo siempre a esta dirección del radio, considerado en los dos sentidos opuestos; pero, mientras que, en el orden de las apariencias

---

sentido de "Naturaleza" en general, contiene la mención explícita del ternario *Deus, Homo, Natura*.

[370] Para dar aquí otro ejemplo que se refiere al mismo tema, en la tradición hindú y a veces también en la tradición extremo oriental, el Cielo y la Tierra son representados como las dos ruedas del "carro cósmico"; el "Eje del Mundo" es figurado entonces por el eje que une estas dos ruedas en sus centros, y que, por esta razón, debe ser supuesto vertical, como el "puente" de que hemos hablado precedentemente. En este caso, la correspondencia de las diferentes partes del carro no es evidentemente la misma que cuando, como lo hemos dicho más atrás, son el palio y el piso los que representaban respectivamente el Cielo y la Tierra, siendo entonces el mástil la figura del "Eje del Mundo" (lo que corresponde a la posición normal de un carro ordinario); aquí, por lo demás, las ruedas del carro no se toman en consideración especialmente.

sensibles, lo bajo está hacia el centro (que es entonces el centro de la tierra)[371], aquí es menester hacer la aplicación del "sentido inverso" y considerar el centro como siendo en realidad el punto más alto[372]; y así, desde cualquier punto de la circunferencia que uno parta, este punto, el más alto, permanece siempre el mismo. Por consiguiente, uno debe representarse al Hombre, asimilado al radio de la rueda, como teniendo los pies sobre la circunferencia y la cabeza tocando el centro; y en efecto, en el "microcosmo", se puede decir que bajo todas las relaciones, los pies están en correspondencia con la Tierra y la cabeza con el Cielo[373].

---

[371] Cf. *El Esoterismo de Dante*, cap. VIII.

[372] Por lo demás, esta "inversión" resulta del hecho de que, en el primer caso, el hombre está situado en el exterior de la circunferencia (que representa entonces la superficie de la tierra), mientras que, en el segundo caso, está en su interior.

[373] Es para afirmar aún más esta correspondencia, ya marcada por la forma misma de las partes del cuerpo así como por su situación respectiva, por lo que los antiguos Confucionistas llevaban un bonete redondo y zapatos cuadrados, lo que hay que aproximar también a lo que hemos dicho más atrás sobre el tema de la forma de la indumentaria ritual de los príncipes.

Capítulo XXIV

El "Triratna"

Para terminar el examen de las concordancias entre diferentes ternarios tradicionales, diremos algunas palabras del ternario *Buddha, Dharma, Sangha*, que constituye el *Triratna* o "triple joya", y que algunos occidentales llaman, muy impropiamente, una "Trinidad búdica". Es menester decir de inmediato que no es posible hacer corresponder exacta y completamente sus términos con los de la Gran Tríada; no obstante, puede considerarse una tal correspondencia, al menos bajo algunas relaciones. Primeramente, en efecto, para comenzar por lo que aparece más claramente a este respecto, el *Sangha* o la "Asamblea"[374], es decir, la comunicad búdica, representa aquí evidentemente el elemento propiamente humano; desde el punto especial del budismo, ocupa, en suma, el lugar de la Humanidad misma[375], porque el *Sangha* es para el budismo la

---

[374] Evitamos el empleo del término "Iglesia", que, aunque tiene etimológicamente poco más o menos la misma significación, ha tomado en el Cristianismo un sentido especial que no puede aplicarse en otra parte, de igual modo que el término "Sinagoga", que tiene también la misma significación original, ha tomado por su lado un sentido específicamente judaico.

[375] Uno podrá acordarse aquí de lo que hemos dicho al comienzo respecto al papel similar del término *houei*, o de lo que representa, en el caso de la *Tien-ti-houei*.

porción "central", aquella en relación a la cual se considera todo lo demás[376], y también porque, de una manera general, toda forma tradicional particular no puede ocuparse directamente más que de sus adherentes efectivos, y no de los que están, si se puede expresar así, fuera de su "jurisdicción". Además, la posición "central" dada al *Sangha*, en el orden humano, está realmente justificada (como, por lo demás, podría estarlo igualmente y al mismo título la de su equivalente en toda otra tradición) por la presencia en su seno de los *Arhats*, que han alcanzado el grado del "hombre verdadero"[377], y que, por consiguiente, están situados efectivamente en el centro mismo del estado humano.

En cuanto al *Buddha*, se puede decir que representa el elemento transcendente, a través del cual se manifiesta la influencia del Cielo, y que, por consiguiente, "encarna", por así decir, esta influencia al respecto de sus discípulos directos e indirectos, que se transmiten una participación en ella unos a otros, y por una "cadena" continua, mediante los ritos de admisión en el *Sangha*. Por lo demás, al decir esto del *Buddha*, pensamos menos en el personaje histórico considerado en sí mismo, cualquiera que haya podido ser de hecho (lo que no tiene más que una importancia enteramente secundaria desde el punto de vista en que nos colocamos aquí), que en lo que

---

[376] Ya hemos explicado este punto de vista, en otro caso, a propósito de la situación "central" atribuida al Imperio chino.

[377] Los *Bodhisattwas*, que se podrían hacer corresponder al grado de "hombre transcendente", escapan por eso mismo al dominio de la comunidad terrestre y residen propiamente en los "Cielos", de donde no "vuelven", por vía de la realización "descendente", más que para manifestarse como *Buddhas*.

representa³⁷⁸ en virtud de los caracteres simbólicos que le son atribuidos³⁷⁹, y que le hacen aparecer ante todo bajo los rasgos del *Avatâra*³⁸⁰. En suma, su manifestación es propiamente el "redescenso del Cielo a la Tierra" del que habla la *Tabla de Esmeralda*, y el ser que aporta así las influencias celestes a este mundo, después de haberlas "incorporado" a su propia naturaleza, puede decirse que representa verdaderamente el Cielo en relación al dominio humano. Seguramente, esta concepción está muy lejos del budismo "racionalizado" con el que los occidentales han sido familiarizados por los trabajos de los orientalistas; puede que ella responda a un punto de vista "mahâyânista", pero ésta no podría ser una objeción válida para nos, ya que parece que el punto de vista "hinayânista", que se está acostumbrado a presentar como "original", sin duda porque concuerda demasiado bien con

---

³⁷⁸ Por lo demás, solo a este respecto se le da el nombre de *Buddha* y solo a este respecto le conviene realmente, puesto que no es un nombre individual, que, además, no podría aplicarse verdaderamente en parecido caso (cf. *Apercepciones sobre la Iniciación*, cap. XXVII).

³⁷⁹ Bien entendido, decir que estos caracteres son simbólicos, no quiere decir de ningún modo que no hayan sido poseídos de hecho por un personaje real (y diríamos gustosamente que tanto más real cuanto más se desvanece su individualidad ante estos caracteres); ya hemos hablado bastante frecuentemente del valor simbólico que tienen necesariamente los hechos históricos en sí mismos como para que halla lugar a insistir más en ello (cf. concretamente *El Simbolismo de la Cruz*, Prefacio), y, en esta ocasión, solo recordaremos todavía una vez más, que "la verdad histórica misma no es sólida más que cuando deriva del Principio" (*Tchoang-tseu*, cap. XXV).

³⁸⁰ Para más precisiones sobre este tema, no podríamos hacer nada mejor que remitir a los diversos trabajos en los que A. K. Coomaraswamy ha tratado esta cuestión, concretamente sus *Elements of Buddhist Iconography* y *The Nature of Buddhist Art*.

algunas ideas preconcebidas, no sea en realidad, antes al contrario, nada más que el producto de una simple degeneración.

Por lo demás, sería menester no tomar la correspondencia que acabamos de indicar por una identidad pura y simple, ya que, si el *Buddha* representa de una cierta manera el principio "celeste", no obstante, eso no es más que en un sentido relativo, y en tanto que es en realidad el "mediador", es decir, en tanto que desempeña el papel propio del "Hombre Universal"[381]. Así pues, en lo que concierne al *Sangha*, para asimilarle a la Humanidad, hemos debido restringirnos a la consideración de ésta en el sentido individual exclusivamente (comprendido el estado del "hombre verdadero", que no es todavía más que la perfección de la individualidad); y todavía es menester agregar que la Humanidad aparece aquí como concebida "colectivamente" (puesto que se trata de una "Asamblea") más bien que "específicamente". Por consiguiente, si hemos encontrado aquí una relación comparable a la del Cielo y del Hombre, los dos términos de esta relación están comprendidos, no obstante, en lo que la tradición extremo oriental designa como el "Hombre", en el sentido más completo y más "comprehensivo" de esta palabra, y que debe contener en efecto en sí mismo una imagen de la Gran Tríada toda entera.

En lo que concierne al *Dharma* o a la "Ley", es más difícil encontrar una correspondencia precisa, incluso con reservas

---

[381] A este propósito, uno podrá remitirse a lo que hemos dicho más atrás sobre el "hombre transcendente" y el "hombre verdadero", y sobre las relaciones de los diferentes grados de las jerarquías taoísta y confucionista.

como las que acabamos de formular para los otros dos términos del ternario; por lo demás, la palabra *dharma* tiene en sánscrito sentidos múltiples, que es menester saber distinguir en los diferentes casos donde se emplea, y que hacen casi imposible una definición general. No obstante, se puede hacer observar que la raíz de esta palabra tiene propiamente el sentido de "soportar"[382], y hacer a este respecto una aproximación con la Tierra que "soporta", según lo que se ha explicado más atrás; se trata en suma de un principio de conservación de los seres, y, por consiguiente, de estabilidad, en tanto al menos en que ésta es compatible con las condiciones de la manifestación, ya que todas las aplicaciones del *dharma* conciernen siempre al mundo manifestado; y, así como lo hemos dicho a propósito del papel atribuido a Niu-koua, la función de asegurar la estabilidad del mundo se refiere al lado "substancial" de la manifestación. Por otra parte, es cierto que la idea de estabilidad se refiere a algo que, en el dominio mismo del cambio, escapa a este cambio, y por consiguiente, debe situarse en el "Invariable Medio"; pero es algo que viene del polo "substancial", es decir, del lado de las influencias terrestres, por la parte inferior del eje recorrido en el sentido ascendente[383]. Por lo

---

[382] La raíz *dhri* significa llevar, soportar, sostener, mantener.

[383] La raíz *dhri* está emparentada, como forma y como sentido, a otra raíz, *dhru*, de la que deriva la palabra *dhruva* que designa el polo; también se puede decir que la idea de "polo" o de "eje" del mundo manifestado desempeña un papel importante en la concepción misma del *dharma*. — Sobre la estabilidad o la inmovilidad como reflejo inverso de la inmutabilidad principial en el punto más bajo de la manifestación, cf. *El Reino de la Cantidad y los Signos de los Tiempos*, cap. XX.

demás, comprendida así, la noción del *dharma* no está limitada al hombre, sino que se extiende a todos los seres y a todos sus estados de manifestación; por consiguiente, se puede decir que, en sí misma, es de orden propiamente cósmico; pero, en la concepción búdica de la "Ley", su aplicación se hace especialmente al orden humano, de suerte que, si presenta una cierta correspondencia relativa con el término inferior de la Gran Tríada, es también en relación a la Humanidad, entendida siempre en el sentido individual, como este término debe ser considerado aquí.

Se puede observar también que, en la idea de "ley", en todos los sentidos en todas las aplicaciones de las que es susceptible, hay siempre un cierto carácter de "necesidad"[384] o de "constricción" que la sitúa del lado del "Destino", y también que el *dharma*, para todo ser manifestado, expresa en suma la conformidad a las condiciones que le son impuestas exteriormente por el medio ambiente, es decir, por la "Naturaleza" en el sentido más extenso de esta palabra. Se puede comprender desde ahora por qué el *Dharma* búdico tiene como símbolo principal la rueda, según lo que hemos expuesto precedentemente al respecto de la significación de ésta[385]; y al mismo tiempo, por esta representación, se ve que

---

[384] En esto puede tratarse, según los casos, sea de necesidad lógica o matemática, sea de necesidad "física", sea todavía de la necesidad llamada "moral", bastante impropiamente por lo demás; el *Dharma* búdico entra naturalmente en este último caso.

[385] El *Dharma-chakra* o "rueda de la Ley" es generalmente una rueda de ocho radios; éstos, que pueden ser puestos en relación naturalmente, en el simbolismo espacial, con los cuatro puntos cardinales y los cuatro puntos intermediarios, corresponden, en el budismo mismo, a los ocho senderos de la "Vía Excelente",

se trata de un principio pasivo en relación al *Buddha,* puesto que es éste el que "hace girar la rueda de la Ley"[386]. Por lo demás, ello debe ser así evidentemente, desde que el *Buddha* se sitúa del lado de las influencias celestes como el *Dharma* se sitúa del lado de las influencias terrestres; y se puede agregar que el *Buddha,* por eso mismo que está más allá de las condiciones del mundo manifestado, no tendría nada en común con el *Dharma*[387], si no tuviera que hacer su aplicación a la Humanidad, lo mismo que, según lo que hemos dicho más atrás, la Providencia no tendría nada en común con el Destino sin el Hombre que liga uno al otro estos dos términos extremos del "ternario universal".

---

así como a los ocho pétalos del "Loto de la Buena Ley" (que se puede comparar también, por otra parte, a las ocho "bienaventuranzas" del Evangelio). — Por lo demás, se encuentra una disposición similar en los ocho *koua* o trigramas de Fohi; se puede observar a este propósito que el título del *Yi-king* es interpretado como significando "Libro de las mutaciones" o "de los cambios en la revolución circular", sentido que presenta una relación evidente con el simbolismo de la rueda.

[386] Así pues, en eso desempeña un papel similar al del *Chakravartî* o "monarca universal" en otra aplicación del simbolismo de la rueda; por lo demás, se dice que Shâkya-Muni tuvo que escoger entre la función del *Buddha* y la del *Chakravartî.*

[387] Esta ausencia de relación con el *Dharma* corresponde al estado del *Pratyêka-Buddha,* quien, llegado al término de la realización total, no "redesciende" a la manifestación.

Capítulo XXV

LA CIUDAD DE LOS SAUCES

Aunque, como lo hemos dicho desde el comienzo, no teníamos la intención de estudiar especialmente aquí el simbolismo ritual de la *Tien-ti-houei*, en él se encuentra no obstante un punto sobre el que tenemos que llamar la atención, ya que se refiere claramente a un simbolismo "polar" que no carece de relación con algunas de las consideraciones que hemos expuesto. El carácter "primordial" de un tal simbolismo, cualesquiera que sean las formas particulares que puede revestir, aparece concretamente por lo que hemos dicho al respecto de la orientación; y esto es fácil de comprender, puesto que el centro es el "lugar" que corresponde al "estado primordial", y puesto que, por otra parte, el centro y el polo son en el fondo una sola y misma cosa, ya que en eso se trata siempre del punto único que permanece fijo e invariable en todas las revoluciones de la "rueda del devenir"[388]. Así pues, el centro del estado humano puede ser representado como el polo terrestre, y el centro del Universo total como el polo celeste; y se puede decir que el primero es así el "lugar" del "hombre

---

[388] Para lo que concierne más particularmente al simbolismo del polo, remitimos a nuestro estudio sobre *El Rey del Mundo*.

verdadero", y que el segundo es el "lugar" del "hombre transcendente". Además, el polo terrestre es como el reflejo del polo celeste, puesto que, en tanto que está identificado al centro, es el punto donde se manifiesta directamente la "Actividad del Cielo"; y estos dos polos están unidos uno al otro por el "Eje del Mundo", según la dirección del cual se ejerce esta "Actividad del Cielo"[389]. Por eso es por lo que símbolos estelares, que pertenecen propiamente al polo celeste, pueden ser referidos también al polo terrestre, donde se reflejan, si se puede expresar así, por "proyección" en el dominio correspondiente. Desde entonces, salvo en los casos donde estos dos polos se marcan expresamente por símbolos distintos, no hay lugar a diferenciarlos, teniendo así su aplicación el mismo simbolismo en dos grados de universalidad diferentes; y esto, que expresa la identidad virtual del centro del estado humano con el centro del ser total[390], corresponde también, al mismo tiempo, a lo que decíamos más atrás, que, desde el punto de vista humano, el "hombre verdadero" no puede ser distinguido de la "huella" del "hombre transcendente".

En la iniciación a la *Tien-ti-houei*, el neófito, después de haber pasado por diferentes etapas preliminares, de las que la última es designada como el "Círculo del Cielo y de la Tierra" (*Tien-ti-kiuen*), llega finalmente a la "Ciudad de los Sauces"

---

[389] Son las dos extremidades del eje del "carro cósmico", cuando las dos ruedas de éste representan el Cielo y la Tierra, con la significación que estos dos términos tienen en el *Tribhuvana*.

[390] Ver las consideraciones que hemos expuesto sobre este punto en *El Simbolismo de la Cruz*.

(*Mou-yang-tcheng*), que es llamada también la "Casa de la Gran Paz" (*Tai-ping-chouang*)[391]. El primero de estos dos nombres se explica por el hecho de que, en China, el sauce es un símbolo de inmortalidad; equivale pues a la acacia en la Masonería, o al "ramo de oro" en los misterios antiguos[392]; y, en razón de esta significación, la "Ciudad de los Sauces" es propiamente la "morada de los Inmortales"[393]. En cuanto a la segunda denominación, indica también tan claramente como es posible que se trata de un lugar considerado como "central"[394], ya que la Gran Paz (en árabe *Es-Sakînah*)[395], es la misma cosa que la *Shekinah* de la Kabbala hebraica, es decir, la "presencia divina" que es la manifestación misma de la "Actividad del Cielo", y que, como ya lo hemos dicho, no puede residir efectivamente más que en un lugar tal, o en un "santuario" tradicional que se le asimila. Por lo demás, este centro puede representar, según lo que acabamos de decir, ya sea el centro del mundo humano, o ya sea el centro del Universo total; el hecho de que está más allá del "Círculo del Cielo y de la Tierra" expresa, según la primera significación,

---

[391] Ver B. Favre, *Les Societés secrètes en Chine*, cap. VIII. — El autor ha visto bien lo que es el simbolismo del celemín del que hablaremos enseguida, pero no ha sabido sacar las consecuencias más importantes.

[392] Cf. *El Esoterismo de Dante*, cap. V.

[393] Sobre la "morada de inmortalidad", cf. *El Rey del Mundo*, cap. VII, y *El Reino de la Cantidad y los Signos de los Tiempos*, cap. XXIII.

[394] En el simbolismo masónico, la acacia se encuentra también en la "Cámara del Medio".

[395] Cf. *el Rey del Mundo*, cap. III, y *El Simbolismo de la Cruz*, cap. VII y VIII. — Es también la *Pax profunda* de los Rosa-Cruz; se recordará, por otra parte, que el nombre de la "Gran Paz" (*Tai-ping*) fue adoptado, en el siglo XIX, por una organización emanada de la *Pe-lien-houei*.

que aquel que ha llegado a él escapa por eso mismo al movimiento de la "rueda cósmica" y a las vicisitudes del *yin* y del *yang*, y, por consiguiente, a la alternancia de las vidas y de las muertes que es su consecuencia, de suerte que se le puede ser llamar verdaderamente "inmortal"[396]; y, según la segunda significación, hay en eso una alusión bastante explícita a la situación "extracósmica" del "techo del Cielo".

Ahora, lo que también es muy destacable, es que la "Ciudad de los Sauces" es representada ritualmente por un celemín lleno de arroz, en el que están plantados diversos estandartes simbólicos[397]; esta figuración puede parecer más bien extraña, pero se explica sin esfuerzo desde que se sabe que, en China, el "Celemín" (*Teou*) es el nombre de la Osa Mayor[398]. Ahora bien, se sabe cual es la importancia dada

---

[396] No es todavía, para el "hombre verdadero", más que la inmortalidad virtual, pero que devendrá plenamente efectiva por el paso directo, a partir del estado humano, al estado supremo e incondicionado (cf. *El Hombre y su devenir según el Vêdânta*, cap. XVIII).

[397] Se podría hacer aquí una aproximación con los estandartes del "Campo de los Príncipes" en el "cuadro" del grado 32 de la Masonería escocesa, donde, por una coincidencia más extraordinaria todavía, se encuentra además, entre varias palabras extrañas y difíciles de interpretar, la palabra *Salix* que significa precisamente "sauce"; por lo demás, no queremos sacar ninguna consecuencia de este último hecho, que solo indicamos a título de curiosidad. — En cuanto a la presencia del arroz en el celemín, evoca los "vasos de abundancia" de las diversas tradiciones, cuyo ejemplo más conocido en Occidente es el *Grial*, y que tienen también una significación central (cf. *El Rey del Mundo*, cap. V); el arroz representa aquí el "alimento de la inmortalidad", que, por lo demás, tiene como equivalente el "brebaje de inmortalidad".

[398] Aquí no hay ningún "retruécano", contrariamente a lo que dice B. Favre; el celemín es muy realmente aquí el símbolo mismo de la Osa Mayor, como la balanza lo fue en una época anterior, ya que, siguiendo la tradición extremo oriental, la Osa Mayor era llamada la "Balanza de jade", es decir, según la

tradicionalmente a esta constelación; y, en la tradición hindú, concretamente, la Osa Mayor (*sapta-riksha*) es considerada simbólicamente como la mansión de los siete *Rishis*, lo que hace de ella efectivamente un equivalente de la "morada de los Inmortales". Además, como los siete *Rishis* representan la sabiduría "suprahumana" de los ciclos anteriores al nuestro, es también como una suerte de "arca" en el que está encerrado el depósito del conocimiento tradicional, a fin de asegurar su conservación y su transmisión de edad en edad[399]; por eso también, es una imagen de los centros espirituales que tienen en efecto esta función, y, ante todo, es una imagen del

---

significación simbólica del jade, Balanza perfecta (como en otras partes la Osa Mayor y la Osa Menor fueron asimiladas a los dos platillos de una balanza), antes de que este nombre de la Balanza fuera transferido a una constelación zodiacal (cf. *El Rey del Mundo*, cap. X).

[399] El arroz (que equivale naturalmente al trigo en otras tradiciones) tiene también una significación en relación con este punto de vista, ya que el alimento simboliza el conocimiento, puesto que el primero es asimilado corporalmente por el ser como el segundo lo es intelectualmente (cf. *El Hombre y su devenir según el Vêdânta*, cap. IX). Por lo demás, esta significación se vincula inmediatamente a la que ya hemos indicado: en efecto, es el conocimiento tradicional (entendido en el sentido de conocimiento efectivo y no simplemente teórico) el que es el verdadero "alimento de inmortalidad", o, según la expresión evangélica, el "pan descendido del Cielo" (*San Juan*, 6), ya que, "no solamente de pan (terrestre) vive el hombre, sino de toda palabra que sale de la boca de Dios" (*San Mateo* 4:4; *San Lucas* 4:4), es decir, de una manera general, el que emana de un origen "suprahumano". — Señalamos a este propósito que la expresión *ton arton ton epiousion*, en el texto griego del *Pater Noster*, no significa de ningún modo el "pan cotidiano", como se tiene costumbre de traducirlo, sino muy literalmente "el pan supraesencial" (y no "suprasubstancial" como lo dicen algunos, debido a la confusión sobre el sentido del término *ousia* que hemos indicado en *El Reino de la Cantidad y los Signos de los Tiempos*, cap. I), o "supraceleste" si se entiende el Cielo en el sentido extremo oriental, es decir, que procede del Principio mismo y que, por consiguiente, da al hombre el medio de ponerse en comunicación con éste.

centro supremo que guarda el depósito de la Tradición primordial.

A este propósito, mencionaremos otro símbolo "polar" no menos interesante, que se encuentra en los antiguos rituales de la Masonería operativa: según algunos de estos rituales, la letra G está figurada en el centro de la bóveda, en el punto mismo que corresponde a la Estrella Polar[400]; una plomada, suspendida de esta letra G, cae directamente en el centro de un *swastika* trazado sobre el piso, que representa así el polo terrestre[401]: es la "plomada del Gran Arquitecto del Universo", que, suspendida del punto geométrico de la "Gran Unidad"[402], desciende del polo celeste al polo terrestre, y es así la figura del "Eje del Mundo". Puesto que hemos sido llevado a hablar de la letra G, diremos que ésta debería ser en

---

[400] Por otra parte, la Osa Mayor está figurada también actualmente todavía en el techo de muchas Logias masónicas, incluso "especulativas".

[401] Señalamos muy particularmente esto a la atención de aquellos que pretenden que "hacemos del *swastika* el signo del polo", cuando solo decimos que tal es en realidad su sentido tradicional; ¡quizás no podrán igualmente llegar hasta suponer que somos nosotros quienes hemos "hecho" también los rituales de la Masonería operativa!

[402] Este mismo punto es también, en la Kabbala hebraica, del que está suspendida la balanza de que se habla en el *Siphra di-Tseniutha*, ya que es sobre el polo donde reposa el equilibrio del mundo; y este punto es designado como "un lugar que no es", es decir, como lo "no manifestado", lo que corresponde, en la tradición extremo oriental, a la asimilación de la Estrella polar, en tanto que "techo del Cielo", al "lugar" del Principio mismo; esto está igualmente en relación con lo que hemos dicho más atrás de la balanza a propósito de la Osa Mayor. Los dos platillos de la balanza, con su movimiento alternativo de subida y de bajada, se refieren naturalmente a las vicisitudes del *yin* y del *yang*; por lo demás, la correspondencia con el *yin* de un lado y el *yang* del otro vale, de una manera general, para todos los símbolos que presentan una simetría axial.

realidad un *iod* hebraico, al que sustituyó, en Inglaterra, a consecuencia de una asimilación fonética de *iod* con *God*, lo que, por lo demás, en el fondo, no cambia en nada su sentido[403]; puesto que las diversas interpretaciones que se han dado de ello ordinariamente (y de las que la más importante es la que se refiere a la "Geometría"), no son en su mayor parte posibles más que en las lenguas occidentales modernas, no representan, digan lo que digan algunos[404], más que acepciones secundarias que han venido a agruparse accesoriamente alrededor de esta significación esencial[405]. La letra *iod*, primera del Tetragrama, representa el Principio, de suerte que es considerada como constituyendo ella sola un nombre divino; por lo demás, por su forma, ella es en sí misma el elemento principal del que se derivan todas las

---

[403] La substitución del *iod* por la G está indicada concretamente, pero sin que la razón de ello sea explicada, en la *Récapitulation de toute la Maçonnerie ou description et explication de l'Hiéroglyphe universel du Maître des Maîtres*, obra anónima atribuida a Delaulnaye.

[404] Hay quienes parecen creer incluso que no es sino después que la letra G habría sido considerada como la inicial de *God*; éstos ignoran evidentemente el hecho de que sustituyó al *iod*, que es lo que le da toda su verdadera significación bajo el punto de vista esotérico e iniciático.

[405] Los rituales recientes del grado de Compañero, para encontrar cinco interpretaciones a la letra G, le dan frecuentemente sentidos que son más bien forzados e insignificantes; por lo demás, este grado ha sido particularmente maltratado, si se puede decir así, a consecuencia de los esfuerzos que se han hecho para "modernizarle". — En el centro de la Estrella radiante, la letra G representa el principio divino que reside en el "corazón" del hombre "dos veces nacido" (cf. *Apercepciones sobre la Iniciación*, cap. XLVIII).

demás letras del alfabeto hebraico[406]. Es menester agregar que la letra correspondiente I del alfabeto latino es también, tanto por su forma rectilínea como por su valor en las cifras romanas, un símbolo de la unidad[407]; y lo que es al menos curioso, es que el sonido de esta letra es el mismo que el de la palabra china *i*, que, como lo hemos visto, significa igualmente la unidad, ya sea en su sentido aritmético, o ya sea en su transposición metafísica[408]. Lo que es quizás más curioso aún, es que Dante, en la *Divina Comedia*, hace decir a Adam que el primer nombre de Dios fue I[409] (lo que corresponde todavía, según lo que acabamos de explicar, a la "primordialidad" del simbolismo "polar"), siendo el nombre que vino después *Él*, y que Francesco da Barberino, en su *Tractatus Amoris*, se ha hecho representar a sí mismo en una

---

[406] Se sabe que el valor numérico de esta letra es 10, y, a este propósito, remitimos a lo que ha sido dicho más atrás sobre el simbolismo del punto en el centro del círculo.

[407] Quizás tendremos algún día la ocasión de estudiar el simbolismo geométrico del algunas letras del alfabeto latino y el uso que se ha hecho de ellas en las iniciaciones occidentales.

[408] El carácter *i* es también un trazo rectilíneo; no difiere de la letra latina I más que en que está colocado horizontalmente en lugar de estarlo verticalmente. — En el alfabeto árabe, es la primera letra *alif*, que vale numéricamente la unidad y que tiene la forma de un trazo rectilíneo vertical.

[409] *Paradiso* XXVI, 133-134. — En un epigrama atribuido a Dante, la letra I es llamada la "novena figura", según su rango en el alfabeto latino, aunque el *iod*, al cual corresponde, sea la décima letra del alfabeto hebraico; por otra parte, se sabe que el número 9 tenía para Dante una importancia simbólica muy particular, como se ve concretamente en la *Vita Nuova* (cf. *El Esoterismo de Dante*, cap. II y VI).

actitud de adoración delante de la letra I⁴¹⁰. Es fácil comprender ahora lo que significa esto: ya sea que se trate del *iod* hebraico o del *i* chino, este "primer nombre de Dios", que era también, según toda verosimilitud, su nombre secreto en los *Fedeli d'Amore*, no es otra cosa, en definitiva, que la expresión misma de la Unidad principial⁴¹¹.

---

[410] Ver Luigi Valli, *Il Linguaggio segreto di Dante e dei "Fedeli d'Amore"*, volumen II, pp. 120-121, donde se encuentra la reproducción de esta figura.

[411] Estas precisiones habrían podido ser utilizadas por aquellos que han buscado establecer aproximaciones entre la *Tien-ti-houei* y las iniciaciones occidentales; pero es probable que las hayan ignorado, ya que, sin duda, no tenían apenas datos precisos sobre la Masonería operativa, y todavía menos sobre los *Fedeli d'Amore*.

Capítulo XXVI

LA VÍA DEL MEDIO

Terminaremos este estudio por una última precisión al respecto de la "Vía del Medio": hemos dicho que ésta, identificada a la "Vía del Cielo", es representada por el eje vertical considerado en el sentido ascendente; pero hay lugar a agregar que esto corresponde propiamente al punto de vista de un ser que, colocando en el centro del estado humano, tiende a elevarse desde ahí a los estados superiores, sin haber llegado todavía a la realización total. Al contrario, cuando este ser se ha identificado con el eje por su "ascensión", según la dirección de éste, hasta el "techo del Cielo", por así decir ha llevado por eso mismo el centro del estado humano, que ha sido su punto de partida, a coincidir para él con el centro del ser total. En otros términos, para un tal ser, el polo terrestre no es sino uno con el polo celeste; y, en efecto, ello debe ser necesariamente así, puesto que ha llegado finalmente al estado principial que es anterior (si se puede emplear todavía en parecido caso una palabra que evoca el simbolismo temporal) a la separación del Cielo y de la Tierra. Desde ese entonces, ya no hay eje hablando propiamente, como si este ser, a medida que se identificaba al eje, en cierto modo lo hubiera "reabsorbido" hasta reducirle a un punto único; pero, bien entendido, ese punto es el centro que contiene en sí mismo todas las posibilidades, ya no solo las de un estado particular, sino las de la totalidad de los estados manifestados y no manifestados. Solo para los demás seres el eje subsiste tal cual era, puesto que no ha cambiado nada en su estado y puesto que han permanecido en el dominio de las posibilidades humanas; así pues, no es sino en relación a ellos como se puede hablar de "redescenso" como lo hemos hecho, y desde entonces es fácil comprender que este "redescenso" aparente (que, no obstante, es también una realidad en su orden) no podría afectar de ninguna manera al "hombre transcendente" mismo.

El centro del ser total es el "Santo Palacio" de la Kabbala hebraica, del cual ya hemos hablado en otra parte[412]; para continuar empleando el simbolismo espacial, es, se podría decir, la "séptima dirección", que no es ninguna dirección particular, sino que las contiene a todas principialmente. Es también, según otro simbolismo que quizás tendremos la ocasión de exponer más completamente algún día, el "séptimo rayo" del Sol, el que pasa por su centro mismo, y que, a decir verdad, no siendo más que uno con ese centro, no puede ser representado realmente más que por un punto único. Es todavía la verdadera "Vía del Medio", en su acepción absoluta, ya que es solo el centro el que es el "Medio" en todos los sentidos; y, cuando decimos aquí "sentidos", no lo entendemos solo de las diferentes

---

[412] Cf. *El Rey del Mundo*, cap. VII, y *El Simbolismo de la Cruz*, cap. VI.

significaciones de las que una palabra es susceptible, sino que hacemos alusión también, una vez más, al simbolismo de las direcciones del espacio. Los centros de los diversos estados de existencia no tienen en efecto el carácter de "Medio" más que por participación y como por reflejo, y, por consiguiente, no lo tienen más que incompletamente; si se retoma aquí la representación geométrica de los tres ejes de coordenadas a los que se refiere el espacio, se puede decir que un tal punto es el "Medio" en relación a dos de estos ejes, que son los ejes horizontales que determinan el plano del que él es el centro, pero no en relación al tercero, es decir, al eje vertical según el que recibe esa participación del centro total.

En la "Vía del Medio", tal como acabamos de entenderla, no hay "ni derecha ni izquierda, ni delante ni detrás, ni arriba ni abajo"; y se puede ver fácilmente que, en tanto que el ser no ha llegado al centro total, solo los dos primeros de estos tres conjuntos de términos complementarios pueden devenir inexistentes para él. En efecto, desde que el ser ha llegado al centro de su estado de manifestación, está más allá de todas las oposiciones contingentes que resultan de las vicisitudes del *yin* y del *yang*[413], y desde ese entonces ya no hay "ni derecha ni izquierda"; además, la sucesión temporal ha desaparecido,

---

[413] Cf. *El Simbolismo de la Cruz*, cap. VII. — Si se quiere, se podría tomar como tipo de estas oposiciones la del "bien" y del "mal", pero a condición de entender estos términos en la acepción más extensa, y de no atenerse exclusivamente al sentido simplemente "moral" que se le da más ordinariamente; y todavía éste no sería nada más que un caso particular, ya que, en realidad, hay muchos otros géneros de oposiciones que no pueden reducirse de ninguna manera a ésta, como por ejemplo las de los elementos (fuego y agua, aire y tierra) y las de las cualidades sensibles (seco y húmedo, caliente y frío).

transmutada en simultaneidad en el punto central y "primordial" del estado humano[414] (y sería naturalmente lo mismo para todo otro modo de sucesión, si se tratase de las condiciones de otro estado de existencia), y es así como se puede decir, según lo que hemos expuesto a propósito del "triple tiempo", que ya no hay "ni delante ni detrás"; pero hay todavía "arriba y abajo" en relación a ese punto, e incluso en todo el recorrido del eje vertical, y es por eso por lo que este último no es todavía la "Vía del Medio" más que en un sentido relativo. Para que no haya "ni arriba ni abajo", es menester que el punto donde el ser se sitúa esté identificado efectivamente al centro de todos los estados; desde este punto, extendiéndose indefinida e igualmente en todos los sentidos, parte el "vórtice esférico universal" de que hemos hablado en otra parte[415], y que es la "Vía" según la cual se fluyen las modificaciones de todas las cosas; pero este "vórtice" mismo, no siendo en realidad más que el despliegue de las posibilidades del punto central, debe ser concebido como contenido todo entero en él principalmente[416], ya que, desde el punto de vista principial (que no es ningún punto de vista particular y "distintivo"), es el centro el que es el todo. Por eso es por lo que, según la palabra de Lao-tseu, "la vía que es

---

[414] Cf. *El Reino de la Cantidad y los Signos de los Tiempos*, cap. XXIII.
[415] *El Simbolismo de la Cruz*, cap. XX.
[416] Aquí se trata todavía de un caso del "vuelco" simbólico que resulta del paso de lo "exterior" a lo "interior", ya que este punto central es evidentemente "interior" en relación a todas las cosas, aunque, por lo demás, para el que ha llegado a él, ya no haya realmente ni "exterior" ni "interior", sino solo una "totalidad" absoluta e indivisa.

una vía (que puede ser recorrida) no es la Vía (absoluta)"[417], ya que, para el ser que está establecido efectivamente en el centro total y universal, es ese punto único mismo, y solo él, el que es verdaderamente la "Vía" fuera de la cual no es nada.

---

[417] *Tao-te-king*, cap. I.

Otros libros de René Guénon

Omnia Veritas Ltd presenta:

RENÉ GUÉNON
EL ERROR ESPIRITISTA

En nuestra época hay muchas otras "contraverdades" que es bueno combatir...

Entre todas las doctrinas "neoespiritualistas", el espiritismo es ciertamente la más extendida

OMNIA VERITAS LTD PRESENTA:

RENÉ GUÉNON
EL REINO DE LA CANTIDAD Y LOS SIGNOS DE LOS TIEMPOS

«Porque todo lo que existe de alguna manera, incluso el error, necesariamente tiene su razón de ser»

...y el desorden en sí mismo debe encontrar su lugar entre los elementos del orden universal

Omnia Veritas Ltd presenta:

RENÉ GUÉNON
APERCEPCIONES SOBRE LA INICIACIÓN

«A menudo nos concentramos en los errores y confusiones que se hacen sobre la iniciación...»

Somos conscientes del grado de degeneración al que ha llegado el Occidente moderno...

OMNIA VERITAS LTD PRESENTA:

RENÉ GUÉNON

EL TEOSOFISMO
HISTORIA DE UNA SEUDORELIGIÓN

"Nuestra meta, decía entonces Mme Blavatsky, no es restaurar el hinduismo, sino barrer al cristianismo de la faz de la tierra"

El término teosofía sirvió como una denominación común para una variedad de doctrinas

Omnia Veritas Ltd presenta:

RENÉ GUÉNON

INICIACIÓN
Y
REALIZACIÓN ESPIRITUAL

« Necedad e ignorancia pueden reunirse en suma bajo el nombre común de incomprensión »

La gente es como un "reservorio" desde el cual se puede disparar todo, lo mejor y lo peor

OMNIA VERITAS LTD PRESENTA:

RENÉ GUÉNON
INTRODUCCIÓN GENERAL
AL ESTUDIO DE
LAS DOCTRINAS HINDÚES

« Muchas dificultades se oponen, en Occidente, a un estudio serio y profundo de las doctrinas orientales »

... este último elemento que ninguna erudición jamás permitirá penetrar

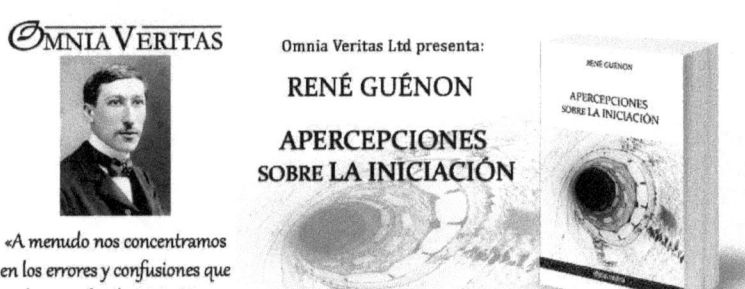

www.omnia-veritas.com

www.ingramcontent.com/pod-product-compliance
Lightning Source LLC
Chambersburg PA
CBHW071710160426
43195CB00012B/1637